# GUIDE
### DANS
# L'EXPOSITION

# GUIDE

DANS

# L'EXPOSITION

## PARIS ET SES ENVIRONS

RENSEIGNEMENTS GÉNÉRAUX — MOYENS DE TRANSPORT
A L'EXPOSITION — L'ESPLANADE
LES QUAIS ET LE CHAMP DE MARS — LES PAVILLONS ÉTRANGERS
ET CONSTRUCTIONS EXTÉRIEURES — LES JARDINS
LES PALAIS DES BEAUX-ARTS, DES INDUSTRIES DIVERSES,
DES ARTS LIBÉRAUX — GALERIE DES MACHINES
LE TROCADÉRO
ITINÉRAIRES DANS PARIS, SES MONUMENTS ET SES ENVIRONS

Première Édition

PARIS

DELARUE, LIBRAIRE-ÉDITEUR

5, RUE DES GRANDS-AUGUSTINS, 5

1889

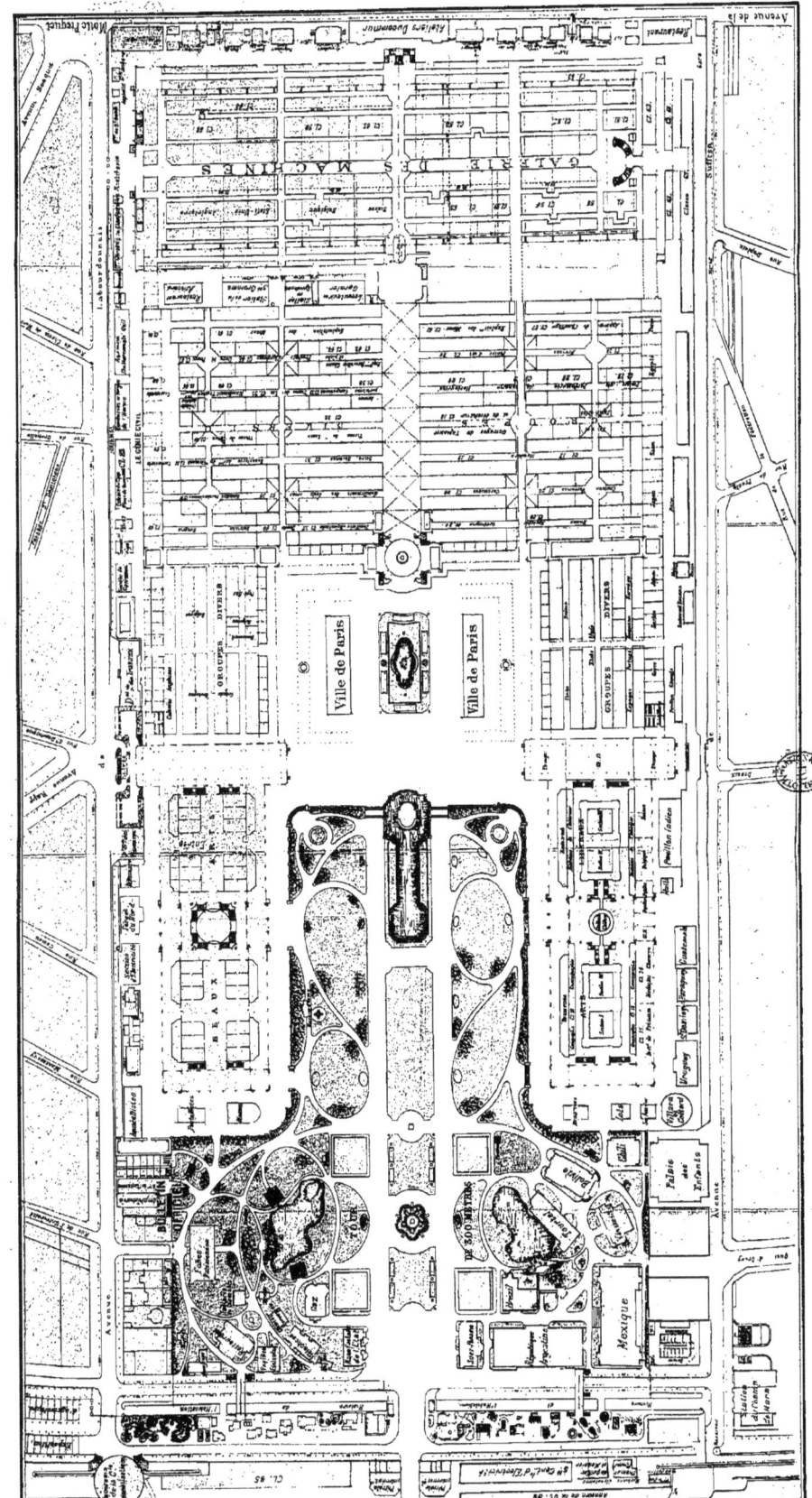

# L'EXPOSITION

## PARIS ET SES ENVIRONS

---

### RENSEIGNEMENTS GÉNÉRAUX

Pour faire votre *voyage*, choisissez une saison ni trop chaude ni trop froide (mai, juin ou septembre); achetez d'avance votre *Guide*, étudiez bien les renseignements généraux qu'il vous donne, et établissez le *budget* approximatif de vos dépenses, en y ajoutant une certaine somme pour parer aux frais *imprévus*.

Si vous êtes étranger, munissez-vous d'un chèque à vue sur un banquier de Paris, ou convertissez votre argent en *monnaie française*.

Quoiqu'un passeport ne soit plus obligatoire pour voyager en France, il est prudent de s'en munir et de le conserver sur soi, car cette pièce peut devenir nécessaire pour prouver votre identité, retirer des lettres *poste restante*, et entrer dans certains monuments en dehors des jours et heures réglementaires.

Un coup d'œil sur le plan de Paris vous fera connaître ses grandes divisions et, en notant : 1° que toutes les rues et boulevards *parallèles* à la Seine ont les numéros des maisons classés dans le sens du fleuve (*impairs* à gauche et *pairs* à droite); 2° que les voies *perpendiculaires* commencent au bord de l'eau, celles de la rive droite remontant vers le Nord et celles de la rive gauche au Sud, vous pourrez, en suivant nos indications, vous donner une idée de la situation des monuments, promenades, etc.

La description des curiosités, le tableau des jours et heures où elles sont visibles, vous permettront de choisir préalablement celles qui vous intéresseront le plus et de régler vous-même vos itinéraires, afin de débarquer avec un plan de conduite presque tout préparé.

En dehors des renseignements que contient ce volume, celui qui visite Paris est toujours sûr de trouver à chaque pas, un *sergent de ville* pour le remettre sur la voie, s'il s'égare.

Enfin, il trouvera, dans tous les hôtels, cafés et restaurants, l'*Almanach des* 1 500 000 *adresses* (dit *Bottin*), qui achèvera de le renseigner sur tout ce qu'il pourra désirer.

Nous devons vous prévenir qu'à Paris, comme dans toutes les grandes villes, il est d'usage de donner un léger *pourboire :* au cocher qui vous conduit, au garçon qui vous sert, au gardien qui vous introduit dans certains établissements publics. Il y a aussi le *petit banc* des ouvreuses dans les théâtres, lorsque l'on est avec une dame. Nous préciserons, en temps et lieu, les cas où vous devrez dénouer votre bourse.

Quoique la police y soit parfaitement faite, Paris est plein de gens adroits qui font métier de duper pa bonne foi des gens *trop* crédules : à vous de vous ln méfier, et quand vous serez victime d'un vol, eortez plainte aussitôt devant le commissaire du quartier que vous habitez. Vous pouvez également vous adresser à lui si vous perdez ou égarez quelque chose, et remettre en ses mains les objets que vous auriez trouvés.

Huit ou quinze jours suffisent, à la rigueur, pour visiter Paris; mais, pour en connaître parfaitement les détails, un mois ne serait pas de trop.

Le voyageur qui vient à Paris devra étudier, avant son départ, les renseignements que nous donnons ci-après :

# LES MOYENS DE TRANSPORT

## Omnibus des gares

Si l'on est seul et avec peu de bagages, on trouve dans toutes les gares, à l'arrivée de chaque train, des omnibus spéciaux qui conduisent à domicile voyageurs et colis.

On peut aussi prendre une des voitures publiques dont nous donnons ci-après le tarif, ou bien un omnibus ordinaire, ou un tramway, si ceux qui passent devant la gare vont dans la direction voulue.

Si, au contraire, on est plusieurs personnes avec de nombreuses malles, il est préférable de retenir, au chemin de fer même, un *omnibus de famille*, qui vous transporte, de nuit ou de jour, à l'adresse indiquée, moyennant 4, 5 ou 10 francs.

## Fiacres et Voitures de remise

En montant en voiture, demander au cocher le bulletin portant son numéro, et le conserver avec soin en cas de discussion. On convient avec lui qu'on le prend *à la course* ou *à l'heure*, et l'on règle sa montre avec la sienne.

*Réclamations.* — Si l'on a perdu quelque objet dans le fiacre, ou si l'on a à se plaindre du cocher, écrire à la préfecture de police (bureau des voitures), ou au siège de la Compagnie, 4, place du Théâtre-Français.

*Observations.* — Quoiqu'il ne soit rien dû aux

# TARIF DES VOITURES DE PLACE
## ET DE REMISE
### PRISES SUR LA VOIE PUBLIQUE

| VOITURES | De 6 heures du matin à minuit 30 | | De minuit 30 à 6 heures du matin | | NUIT et hors fortifications | Hors fortifications à l'heure et non à la course |
|---|---|---|---|---|---|---|
| | course fr. | l'heure fr. | course fr. | l'heure fr. | l'heure fr. | |
| A 2 places . . . . . | 1 50 | 2 » | 2 25 | 2 50 | 2 50 | |
| A 4 places . . . . . | 2 » | 2 50 | 2 50 | 2 75 | 2 75 | |
| Landaus et voitures à 6 places . . . . | 2 50 | 3 » | 3 » | 3 50 | | |

Bagages : 25 cent. par colis ; 75 cent. pour trois colis et au-dessus.

Indemnité de retour, hors fortifications : 1 fr.

| APRÈS l'heure à | MINUTES EN SUS | | | | | | | | | |
|---|---|---|---|---|---|---|---|---|---|---|
| | 5 | 10 | 15 | 20 | 25 | 30 | 35 | 40 | 45 | 50 | 55 |
| | fr. | fr. | fr. | fr. | fr. | fr. | fr. | fr. | fr. | fr. | fr. |
| 2 fr. . . | » 20 | » 35 | » 50 | » 70 | » 85 | 1 » | 1 20 | 1 35 | 1 50 | 1 70 | 1 85 |
| 2 fr. 50. | » 25 | » 45 | » 65 | » 85 | 1 05 | 1 25 | 1 50 | 1 70 | 1 90 | 2 10 | 2 30 |
| 2 fr. 75. | » 25 | » 50 | » 70 | » 95 | 1 15 | 1 40 | 1 60 | 1 85 | 2 10 | 2 30 | 2 55 |
| 3 fr. . . | » 25 | » 50 | » 75 | 1 » | 1 25 | 1 50 | 1 75 | 2 » | 2 25 | 2 50 | 2 75 |
| 3 fr. 50. | » 30 | » 60 | » 90 | 1 20 | 1 50 | 1 75 | 2 05 | 2 35 | 2 65 | 2 95 | 3 20 |

*N. B.* — La première heure seule, une fois commencée, se paye intégralement.

cochers en dehors du tarif, il est d'usage de leur donner 25 ou 50 centimes par course ou par heure s'ils sont polis.

Ne sont pas considérés comme colis payants les cannes, manteaux, parapluies et autres objets qu'on peut tenir facilement sur soi.

En revenant du Bois, le cocher doit, sans indemnité de retour, vous ramener jusqu'à la porte Maillot ou la porte Dauphine, c'est-à-dire aux fortifications.

## Omnibus

De 7 heures du matin jusqu'à minuit et demi, Paris est sillonné par 34 lignes d'omnibus, ayant chacune une lettre distinctive, et dont l'itinéraire correspond à tous les quartiers.

*Prix par place* (pour tout ou partie du trajet) : Impériale, 15 centimes, sans correspondance ; intérieur, 30 centimes, avec correspondance.

Pour ce modeste prix, la plupart de ces lignes vous transportent à 10 kilomètres de distance.

Les omnibus déposent et prennent les voyageurs soit aux stations, soit en route.

Quelques-uns admettent les dames sur l'impériale, nous les désignerons par une astérisque (*).

Une simple étude du tableau suivant sur le plan de Paris suffit pour saisir le mécanisme de leurs croisements et connaître aisément la ligne qui peut conduire soit directement, soit par correspondance, à l'endroit désiré.

*Observations.* — Avoir soin, en payant sa place,

Vue d'ensemble : la tour Eiffel et le Champ de Mars.

de réclamer la correspondance au conducteur. Il est tenu de vous prévenir quand la voiture atteint la rue que vous lui avez indiquée et d'arrêter lorsque vous descendez.

TABLEAU ALPHABÉTIQUE DES LIGNES D'OMNIBUS

**A** D'*Auteuil* à la *Madeleine*.
**B** Du *Trocadéro* à la gare *de l'Est*\*.
**C** De la *Porte Maillot* à l'*Hôtel de Ville*\*.
**D** Des *Ternes* au boulev. des *Filles-du-Calvaire*\*.
**E** De la *Madeleine* à la *Bastille*\*.
**F** De la place *Wagram* à la *Bastille*.
**G** Des *Batignolles* au *Jardin des Plantes*\*.
**H** De *Clichy* à l'*Odéon*\*.
**I** De la *Place Pigalle* à la *Halle aux vins*.
**J** De *Montmartre* à la place *Saint-Jacques*.
**K** De la gare du *Nord* au boulevard *Saint-Marcel*.
**L** De la *Villette* à *Saint-Sulpice*\*.
**M** Du lac *Saint-Fargeau* aux *Arts-et-Métiers*.
**N** De *Belleville* à la rue du *Louvre*.
**O** De *Ménilmontant* à la gare *Montparnasse*.
**P** De *Charonne* à la place d'*Italie*.
**Q** De *Plaisance* à l'*Hôtel de Ville*.
**R** De la gare de *Lyon* à *Saint-Philippe du Roule*\*.
**S** De la barrière de *Charenton* à la place de la République.
**T** De la gare d'*Orléans* au square *Montholon*.
**U** Du *Parc Montsouris* à la place de la *République*.
**V** De la chaussée du *Maine* à la gare du *Nord*.
**X** De *Vaugirard* à la gare *Saint-Lazare*\*.
**Y** De *Grenelle* à la *Porte Saint-Martin*.
**Z** De *Grenelle* à la *Bastille*.

**AB** De *Passy* à la place de la *Bourse*.
**AC** De la *Petite-Villette* aux *Champs-Elysées*.
**AD** De la place de la *République* à l'*Ecole militaire*.
**AE** Des *Forges d'Ivry* au *pont Saint-Michel*.
**AF** Du *Panthéon* à la place de *Courcelles*.
**AG** De la porte de *Versailles* au *Louvre*\*.
**AH** D'*Auteuil* à la place *Saint-Sulpice*.
**AI** De la gare *Saint-Lazare* à la place *Saint-Michel*\*.
**AJ** Du *Parc Monceau* à la *Villette* (place de l'Église).

### Tramways

Trois réseaux de tramways (vastes et confortables voitures), circulant sur des rails, desservent, comme les omnibus, les principaux quartiers et même quelques points de la banlieue.

Même prix que les omnibus dans Paris, et supplément de 5 à 10 cent. *extra muros*. Les dames sont admises sur l'impériale.

1° Le *réseau central* comprend **20** lignes désignées par une lettre de l'alphabet précédée du mot **Tr.** :

**Tr. A.** Du Louvre à Saint-Cloud ;
**Tr. B.** Du Louvre à Sèvres ;
**Tr. C.** Du Louvre à Vincennes ;
**Tr. D.** De l'Etoile à la Villette ;
**Tr. E.** De la Villette à la place de la Nation ;
**Tr. F.** Du cours de Vincennes au Louvre ;
**Tr. G.** De Montrouge au chemin de fer de l'Est ;
**Tr. H.** De la Chapelle au square Monge ;

Tr. I.   Du cimetière Saint-Ouen à la place de la Bastille ;
Tr. J.   Du Louvre à Passy ;
Tr. K.   Du Louvre à Charenton ;
Tr. L.   De la Bastille au pont de l'Alma ;
Tr. M.   De la gare de Lyon au pont de l'Alma
Tr. N.   De la Muette à la rue Taitbout ;
Tr. O.   De la gare d'Auteuil à Boulogne ;
Tr. P.   Du Trocadéro à la Villette ;
Tr. Q.   De la porte d'Ivry aux Halles ;
Tr. R.   De Boulogne au pont de Billancourt ;
Tr. S.   Du pont de Charenton à Créteil ;
Tr. AB. Du Louvre à Versailles.

2° Le *réseau Nord* se compose actuellement de **10** lignes :

1° De Levallois-Perret à la Madeleine ;
2° Du parc de Neuilly à la Madeleine ;
3° De la Madeleine à Courbevoie et Suresnes ;
4° Du boulevard Haussmann à Asnières et à Gennevilliers ;
5° De Pantin à la place de la République ;
6° D'Aubervilliers à la place de la République ;
7° De Saint-Denis à la rue Taitbout (boulevard Haussmann) ;
8° Du boulevard Haussmann à Saint-Ouen ;
9° De Courbevoie à l'Etoile ;
10° De la rue Lafayette à Saint-Denis.

3° Le *réseau Sud* comprend aujourd'hui **11** lignes :

1° De Saint-Germain des Prés à Fontenay-aux-Roses ;

2° De l'Etoile à la gare Montparnasse ;
3° De la gare Montparnasse à la Bastille ;
4° De la gare d'Orléans à Villejuif ;
5° De Saint-Germain des Prés à Clamart ;
6° De Montreuil à la place de la Nation ;
7° De la Bastille à Charenton ;
8° De la place de la Nation à la gare d'Orléans ;
9° Du square Cluny à Ivry ;
10° Du square Cluny à Bicêtre et à Vitry ;
11° De Vanves aux Champs-Elysées.

On trouve aussi des voitures dites TAPISSIÈRES, d'immenses *chars-à-bancs*, pour les courses, et des omnibus spéciaux desservant la petite banlieue.

### Bateaux à vapeur

Comme nous le verrons plus loin, on peut, à très bon marché, traverser tout Paris et même au delà, en admirant les rives pittoresques de la Seine, sur des embarcations à la fois confortables et élégantes, passant toutes les cinq minutes, de 6 à 7 heures du matin jusqu'à 8 et 9 heures du soir, suivant saison.

Les enfants portés par leurs parents ne payent pas.

Les BATEAUX-EXPRESS ont deux services : 1° *du pont de Charenton à Auteuil* (Point-du-Jour). Semaine : 10 cent.; dimanches et fêtes : 20 cent. — 2° *du Point-du-Jour à Suresnes*. Semaine : 10 cent.; dimanches et fêtes : 20 cent. Ils sont munis de *cabinets inodores*.

Les HIRONDELLES PARISIENNES (1er service) vont *du pont de Charenton au pont d'Austerlitz*. Semaine : 10 cent.; dimanches et fêtes : 15 cent.

Les Mouches (même compagnie) (2e service) : *du pont de Bercy à Auteuil.* Semaine : 10 cent.; dimanches et fêtes : 20 cent.

Les Hirondelles (3e service) : *du pont Royal à Suresnes.* Semaine : 20 cent.; dimanches et fêtes : 30 cent. — Départs tous les quarts d'heure.

N. B. — Les prix sont les mêmes pour tout ou partie du parcours. On peut monter ou descendre à chaque station. Nous en donnerons la nomenclature à l'article : *Ponts, quais, ports,* etc.

Le Touriste (splendide vapeur) fait, en été, le trajet du quai des Tuileries à Saint-Germain, avec escale à Saint-Denis, etc. Le voyage, aller et retour (3 fr. 50), s'exécute dans la journée. Il y a un restaurant à bord : déjeuner : 4 et 6 fr.; dîner : 5 et 7 fr.

### Voies ferrées

Indépendamment des six grandes lignes, Paris est encore desservi par :

*Le chemin de fer de Vincennes,* dont la gare est place de la Bastille ;
*Le chemin de fer d'Orsay,* place Denfert-Rochereau ;
*Le chemin de fer de ceinture ;*
*Le chemin de fer de grande ceinture.*

Nous en indiquerons plus loin l'itinéraire.

Entrée principale : Palais des industries diverses (dôme central).

## HOTELS ET RESTAURANTS[1]

### Hôtels

Le choix d'un bon hôtel est tellement important, que beaucoup de voyageurs, surtout quand ils sont en famille, prennent la précaution d'écrire à un des établissements recommandés, pour retenir leur logement et fixer d'avance les conditions.

Si l'on n'a pris cette précaution, le plus prudent est de s'installer, ne fût-ce que pour la première nuit, dans un hôtel avoisinant la gare d'arrivée ; et, le lendemain, on est plus à même d'aller s'installer dans le quartier qui répond le mieux au but de son voyage et aux frais que l'on peut faire.

### Hôtels situés à proximité des gares

#### GARE DU NORD

*Grand Hôtel du Chemin de fer du Nord*, au coin du boulevard Denain.

*Hôtel Cailleux*, en face la sortie.

*Maison Lequen*. Café-restaurant-glacier de la gare du Nord, rue de Dunkerque, 25, et boulevard Denain, 9. — Déjeuners et dîners à la carte. — Chambres meublées.

#### GARE DE L'EST

*Hôtel Français* ( Barbotte fils, propriétaire ), rue de Strasbourg, 13, en face la gare, côté du départ.

---

1. Les hôtels et restaurants de premier ordre sont désignés par une astérisque.

*Restaurant Schaeffer*, attenant à l'hôtel précédent.

### GARE SAINT-LAZARE (OUEST, RIVE DROITE)

*Hôtel Terminus*, longeant la façade de la nouvelle gare. Immense établissement, vraiment unique comme installation, confort, etc.

*Hôtel de Londres et de New-York*, rue du Havre, 15, en face la gare, maison de premier ordre, également confortable.

*Hôtel du Havre*, rue d'Amsterdam, 16. Soixante-dix chambres depuis 2 fr. 50 ; service, 50 cent.; bougie, 50 c.; restaurant à la carte. On se charge de prendre les billets des voyageurs et de les prévenir des départs.

*Restaurant de Rome*, place du Havre, 17, et rue Saint-Lazare, 111.— Jardin d'hiver.

### GARE MONTPARNASSE (OUEST, RIVE GAUCHE)

*Grand Hôtel de France et de Bretagne*. A gauche des départs. Station des tramways pour l'Etoile, les lignes de Lyon et d'Orléans.

*Restaurant Lavenue* (Café de la gare), attenant à l'hôtel. — Cabinets et salons pour familles. — Jardin d'hiver, bosquets et charmilles.— Poissons vivants.

### GARE DE LYON

*Grand Hôtel Jules César*, avenue Ledru-Rollin, 52, tout près de la gare. — Chambres depuis 2 fr. par jour. — Restaurant à prix fixe ou à la carte. — Bains dans l'hôtel. — *English spoken.*

*Grand Hôtel du chemin de fer*, en face de la gare. Recommandé aux personnes arrivant le matin ou la nuit. — Restaurant à la carte. — Bains dans l'hôtel. — *English spoken*.

*Grand Café-Restaurant du chemin de fer*, en face l'arrivée, magnifique terrasse sur le boulevard Diderot. — Salons de société. — Billards. — Service à la carte.

*Buffet de la gare*. Restaurant de premier ordre.

### GARE D'ORLÉANS

*Buffet-Restaurant de la gare*, à gauche du départ. — Se charge de l'enregistrement des bagages et de la prise des billets pour voyageurs. — On parle anglais et allemand.

En traversant le pont d'Austerlitz, on trouvera aussi plusieurs hôtels confortables (voy. *Gare de Lyon*).

## Choix d'un quartier

Celui qui vient à Paris pour son plaisir, adoptera de préférence le quartier du *Palais-Royal*, les boulevards Montmartre ou des Italiens, l'avenue de l'Opéra, la rue de Rivoli, entre le Louvre et la place de la Concorde, le faubourg Saint Honoré et même les Champs-Elysées.

Le négociant s'installera près de la *Bourse*, rue Turbigo, dans le *quartier du Temple* ou du *Marais*. L'*ébénisterie* se tient spécialement dans le quartier Saint-Antoine. La *rouennerie*, rues Saint-Martin et Saint-Denis; la *librairie*, boulevard Saint-Germain, rue des Ecoles, rue de Seine, et sur les quais, du pont Saint-Michel au pont Royal; les livres et objets de piété, rue Cassette, rue Saint-Sulpice et rue des Saints-Pères, etc.

L'homme studieux choisira le *quartier Latin*, aux environs de la Sorbonne et du Panthéon.

Les hôtels spécialement fréquentés par MM. les ecclésiastiques se trouvent au *faubourg Saint-Germain*, dans le quartier de la rue de Grenelle.

L'étranger qui vient de faire des démarches auprès du gouverneur et des grandes administrations se logera près des ministères, des ambassades, etc.

Les principaux hôtels sont :

### PALAIS-ROYAL

*Hôtel Sainte-Marie*, rue de Rivoli, 83, près du Louvre. Maison de famille. Salons de 4 à 6 fr. Chambres de 2 à 6 fr. Cabinets de 1 fr. 50 à 2 fr. : Déjeuner : 3 fr. ; dîner 4 fr. (vin compris) et à la carte.

### TUILERIES ET CHAMPS-ÉLYSÉES

\* *Hôtel Continental*, rue de Rivoli, en face les Tuileries ; 600 chambres et salons depuis 5 jusqu'à 40 fr. ; luxe princier.

### MADELEINE, OPÉRA, BOULEVARDS

\* *Grand-Hôtel*, boulevard des Capucines, 12.—Le plus grandiose de Paris. — 700 chambres, depuis 5 fr., service compris; pension, 20 fr. par jour. Déjeuner : 5 fr. ; dîner : 8 fr., vin compris.

*Grand Hôtel des Capucines*, 37, boulevard des Capucines, entre la Madeleine et le Grand Opéra.

— Maison de premier ordre. — Table d'hôte à 6 heures, chambres depuis 3 fr., bougie : 1 fr., service de famille.

*Hôtel des Pays-Bas*, rue Laffitte, 32, près des grands boulevards et des théâtres. Chambres depuis 3 fr. par jour. Déjeuner : 3 fr.; dîner : 4 fr. (vin compris), ou à la carte. Pension avec chambre depuis 180 fr. par mois. On parle hollandais, allemand, anglais et espagnol.

*Grand Hôtel de Russie*, boulevard des Italiens, 2. — Ascenseur. Chambres depuis 5 francs par jour.

*Hôtel de Gand et de Germanie*, rue de la Michodière, 9. Chambres depuis 3 francs. Table d'hôte et restaurant à la carte.

*Hôtel de Castille et d'Amérique*, rue Saint-Georges, 10, à proximité de l'Opéra et des grands boulevards. — Table d'hôte et restaurant à la carte. Se habla español.

*Pension de famille* (Family House), boulevard Haussmann, 29, avec ou sans appartement. — De 9 à 13 fr. par jour. — Quartier élégant, au centre des théâtres et des promenades.

### FAUBOURG MONTMARTRE.

*Hôtel Bergère*, rue Bergère, 32, près des boulevards. 180 chambres. — Salon de lecture et fumoir. Table d'hôte et restaurant à la carte.

*Grand Hôtel et Restaurant de Paris*, faubourg Montmartre, 38. 100 chambres de 2 à 6 fr. Apparte-

Le Pavillon des colonies (esplanade des Invalides).

ments pour familles. Salons, fumoir, bains, interprètes.

*Restaurant.* Déjeuner : 3 fr., dîner : 3 fr. 50, vin compris. Service à la carte à volonté. Etablissement nouvellement agrandi et remis à neuf. Cave et cuisine renommées.

Ce restaurant, l'un des meilleurs dans son genre, est très fréquenté des voyageurs et touristes.

*Hôtel Richer*, rue Richer, 60. Excellent confortable. Chambres depuis 2 fr. Appartements de famille. — Si parla italiano. — Man spricht deutsch. Se habla español.

*Hôtel d'Angleterre et des Antilles*, rue Lafayette, 60. — Appartements pour familles. English spoken. Man spricht deutsch. Falla se Portugues. Se habla español.

*Hôtel Brésilien*, rue Richer, 3 (faubourg Poissonnière). — Prix modérés. Déjeuner : 3 fr.; dîner : 4 fr., vin compris. Pension depuis 10 fr. par jour, tout compris. Appartements meublés pour familles.

## LA BOURSE ET LA BANQUE

*Hôtel des Étrangers*, rue Feydeau, 3 (au coin de la rue Montmartre). — Table d'hôte. Restaurant à la carte. Chambres depuis 3 fr.

*Grand hôtel Frascati*, rue Vivienne, 39, 41 et 43. — Bourse et les boulevards. English spoken. Se parla italiano. Man spricht deutsch. Se habla español.

*Hôtel de Bruxelles*, rue du Mail, 33, quartier Montmartre. — Chambres de 2 à 4 fr.; service,

50 centimes. Table d'hôte de 11 heures à 1 heure ; déjeuner : 2 fr. 50.; dîner : 3 fr. 50, vin compris, et à la carte.

## Hôtels meublés

Pour les petites bourses, si l'on doit séjourner au moins huit jours, on voit dans toutes les rues des écriteaux jaunes annonçant des *chambres et cabinets meublés*, qu'on loue à la semaine, *payable d'avance*, de 15 à 30 fr. par mois et au-dessus.

Voir aussi au *Bottin*.

## Restaurants à prix fixe

*Dîner français* (Excoffier et Cie), boulevard des Italiens, 27. — Déjeuner, de 10 heures à 2 heures : 3 fr.; dîner, de 5 à 9 heures : 4 fr.

*Restaurant Hupet,* place de l'Odéon, 2 (rive gauche). — Déjeuner : 1 fr. 50; dîner : 1 fr. 75 et 2 fr. 10, vin compris, et à la carte; entrée particulière pour les salons et cabinets, rue de l'Odéon.

\* *Grand Véfour* (café de Chartres), galerie Beaujolais, 79 (*ancien Véry*), en face du théâtre du Palais-Royal. — Salons et repas de corps pour réunions de familles.

*Maison Tissot,* galerie Beaujolais, 88, au-dessus du café de la Rotonde. — Déjeuner : 1 fr. 75; dîner : 2 fr. 25 et 2 fr. 50, vin compris.

*Aux Cinq Arcades,* galerie Montpensier, 65 (*ancienne maison Tavernier*). — Cabinets particuliers. Déjeuner : 2 fr. dîner : 2 fr. 50. et 3 fr.

*Grand restaurant du Commerce,* passage des Panoramas, 24. — Hors-d'œuvre ou potage, 2 plats au choix, 2 desserts, vin compris : déjeuner : 1 fr. 60 ; dîner : 1 fr. 75.

*Dîner de Paris*, passage Jouffroy, 11, et boulevard Montmartre, 12. — Déjeuner, de 10 heures à 1 heure : 3 fr.; dîner, de 5 heures à 8 heures et demie : 5 fr.

*Restaurant Bruneaux*, boulevard Poissonnière, 24. — Déjeuner : 3 fr. ; hors-d'œuvre, 2 plats au choix, une bouteille ; dîner 4 fr. ; potage, hors-d'œuvre, 3 plats au choix, salade, glace, dessert et une bouteille de vin.

*Dîner Européen*, boulevard des Italiens, 14, entrée, rue Le Peletier, 2. — Déjeuner : 3 fr.; dîner : 5 fr., vin compris.

\* *Le Grand-Hôtel*. — Déjeuner : 4 fr. ; dîner : 6 fr.

## Restaurants à la carte

\* *Maison Durand*, place de la Madeleine, au coin de la rue Royale.

\* *Madeleine-Tavern*, place de la Madeleine, 9.

\* *Café-restaurant Foy*, avenue de l'Opéra, 32.

\* *Grand Café-restaurant de la Rotonde*, rue Lafayette, 2, et boulevard Haussmann, 36 *bis*.

*Noël Peters*, passage des Princes.

\* *Café Riche*, boulevard des Italiens, 16. — Vieille réputation.

\* *Au Lion d'Or*, rue du Helder, 7. — Rendez-vous des artistes et des étrangers.

*Champeaux*, place de la Bourse, 13. — Jardin d'hiver.

*Lemardelay*, rue Richelieu, 100. — Repas de corps.

*Marguery*, à côté du Gymnase.

*Maison Notta*, boulevard Poissonnière, 2. — Maison de premier ordre ; cave hors ligne.

*Lapérouse*, quai des Grands-Augustins, 51 (rive gauche).

\* *Maison Dorée*, boulevard des Italiens, 20 (Verdier). — Cabinets légendaires, ouverts la nuit.

*Foyot*, rue de Tournon, 33 (rive gauche).

*Magny*, rue Mazet, au coin de la rue Dauphine.

\* *Café de la Paix*, au Grand-Hôtel.

\* *Café Anglais*, 13, boulevard des Italiens.

\* *Restaurant Rougemont*, 16, boul. Poissonnière.

*Maison Maire*, boulevard Saint-Denis, 14.

\* *Café de Paris*, avenue de l'Opéra, 41.

\* *Café du Nouvel-Opéra*, rue Gluck, 8.

*Sylvain*, 12, rue Halévy.

*Restaurant Gaillon*, place Gaillon.

\* *Voisin*, rue Saint-Honoré, 261.

\* *Restaurant des Ambassadeurs*, aux Champs-Elysées (en été seulement).

*Café d'Orsay*, quai d'Orsay (rive gauche).

\* *Ledoyen*, aux Champs-Élysées, près du palais de l'Industrie. — Terrasse d'hiver et d'été.

*La Tour d'argent,* quai de la Tournelle.

*N. B.* — Beaucoup de restaurants restent ouverts toute la nuit.

### Restaurants du bois de Boulogne

* *Pavillon d'Armenonville,* près du Jardin d'Acclimatation, à l'entrée du Bois. — Bosquets.

*Pavillon Chinois,* à droite, à l'entrée du Bois.

* *Restaurant de la Cascade,* à côté de la cascade du Bois de Boulogne.

* *Café-Restaurant du Château de Madrid* (ancienne habitation de François I$^{er}$). — En plein bois; rendez-vous des cavaliers et amazones.

### Établissements de bouillon

*Bouillons Duval.* — Ces établissements ont conservé le nom de leur fondateur. La maison-mère, le modèle du genre, se trouve rue Montesquieu, près du Louvre et du Palais-Royal. Il y a des succursales dans tous les quartiers.

On cite aussi, entre plusieurs centaines :

*Le Bouillon Boulant,* boulevard St-Michel, 54.

*Les Grands Bouillons Parisiens,* boulevard Saint-Martin, 2, boulevard Poissonnière 6, et dans divers autres quartiers.

La clientèle de ces maisons est généralement convenable, et une femme seule peut y entrer sans crainte.

Le service se fait à la carte, que l'on vous remet

Le Pavillon de la Cochinchine
(esplanade des Invalides).

en entrant et sur laquelle la bonne inscrit chaque plat qu'elle vous apporte. Le prix des portions est de 40 à 75 centimes.

Chez certains marchands de vins, on peut déjeuner à la fourchette, très bien et à bon marché.

## Cafés et glaciers

Les cafés abondent à Paris, mais surtout aux abords des gares, sur les boulevards et dans les rues passantes.

Le prix des consommations : bock, café, sirops, liqueurs, etc., varie, suivant les quartiers, entre 30 et 60 centimes ; les glaces, de 50 cent. à 1 fr. 25 cent.

On peut s'y faire servir, le matin : thé, chocolat, café au lait avec pain et beurre ; souvent des œufs, des viandes froides, jambon, choucroute, biftecks, côtelettes, au même prix que dans les bons restaurants.

On y lit les journaux et l'on y voit, surtout le soir, défiler les types les plus curieux. Eclairage et décoration féeriques.

Les cafés renommés sont, entre autres :

### RIVE DROITE

*Glacier Napolitain*, boulevard des Capucines.
*Glacier Tortoni*, boulevard des Italiens.
*Cafés Riche* et *du Helder*, boulevard des Italiens.
*Café Cardinal*, au coin de la rue Richelieu.
*Café de Madrid*, boulevard Montmartre.
*Café Turc*, boulevard du Temple.
*Café de la Régence*, rue Saint-Honoré, 161.

RIVE GAUCHE

*Café Procope*, rue de l'Ancienne-Comédie.
*Café d'Orsay*, rue du Bac, 1.
*Café Voltaire*, place de l'Odéon.
*Café de Cluny*, boulevard Saint-Michel.
*Café Soufflot*, boulevard Saint-Michel.
*Café Vachette*, boulevard Saint-Michel.
*Café de la Source*, boulevard Saint-Michel.

## Cafés originaux

Le *Cabaret de l'Auberge des Adrets*, boulevard Saint-Martin, 14.
Le *Cabaret du Chat noir*, rue Victor-Massé, 12.
Le *Cabaret du Bagne*, boulevard Rochechouart.

## Brasseries

Les principales sont :
*Brasserie Müller* (bière de Bavière).
*Brasserie Grüber* (bière de Strasbourg).
*Brasserie Dreher* (bière de Vienne).
*A la Triboulette* : *Delmer* (bière du Nord), rue Gozlin, 16, à côté de l'Abbaye (r. g.).

Un très grand nombre de cafés s'intitulent brasserie ; beaucoup même (surtout dans le quartier latin) ne sont que des *caboulots,* espèces de bouges à ameublement et décoration excentriques, où le service est fait par des filles travesties, et de moralité douteuse.

# RENSEIGNEMENTS DIVERS

## Bains

Il y en a dans tous les quartiers, et même dans certains hôtels : demander aux garçons.

Les BAINS CHAUDS (de 50 cent. à 1 fr., linge en sus); les principaux sont :

*Bains de la Samaritaine*, en aval du Pont-Neuf (r. d.).
*Bains des Tuileries*, près du Pont-Royal.
*Bains de la Madeleine*, cité du Retiro, 1.
*Bains Taranne*, boulevard Saint-Germain.

BAINS FROIDS (20 à 60 cent., linge en sus) :

*Bains Deligny*, quai d'Orsay.
*Bains Henri IV*, sur le terre-plein du Pont-Neuf.
*Bains des Fleurs*, pour dames, quai du Louvre.

BAINS RUSSES, TURCS, DE VAPEUR, etc. :

*Hammam* (5 fr.); rue des Mathurins, 18.
*Hammam Monge* (1 fr. 50 à 2 fr. 50); rue du Cardinal-Lemoine, 63.
*Grande Piscine* pour dames (1 fr. 25, linge compris); rue Rochechouart, 65.
*Bains d'air comprimé*; rue des Pyramides, 17.

*N. B.* — Des *pédicures* habiles sont attachés à ces établissements.

## Coiffeurs

Chaque rue en a souvent plusieurs; quelques-uns logés à l'entresol. Les coiffeurs en renom, sont :

POUR DAMES

*Philippe*, 1, rue Saint-Honoré.
*Auguste*, 7, rue de la Paix.

POUR HOMMES

*Lespès*, boulevard Montmartre, 21.
*Morice*, boulevard des Italiens, 12.
*Blanc*, boulevard Montmartre, 11.
*Toulouse*, boulevard Saint-Michel, 36.
*Louis*, boulevard Saint-Germain, 180.

Prix ordinaires : barbe, 25 à 30 cent.; cheveux, 30 à 50 cent.

Si l'on tient à l'économie, refuser les offres de friction, nettoyage et autres services supplémentaires, qu'on fait payer très cher; ainsi que les pommades, cosmétiques, etc., qu'on trouve à meilleur compte chez tous les parfumeurs.

## Médecins

Pour les *médecins de quartier*, demander l'adresse à son hôtel.

Les consultations ordinaires se paient de 3 à 10 fr. par visite, elles ont lieu généralement de 1 à 3 heures.

Pour certains cas, il est urgent d'avoir recours à des *célébrités* ou spécialistes, qu'on peut se faire indiquer chez tous les pharmaciens.

Quand la maladie se prolonge il est prudent d'aller à l'hôpital, si l'on n'a pas les moyens d'être soigné chez soi ; dans le cas contraire, se faire transporter dans une *maison de santé*, notamment à la *Maison municipale*, faubourg Saint-Denis, 200. Pour 4 à 15 francs par jour, on est parfaitement traité.

Il y a dans Paris et à la campagne quelques autres établissements recommandables.

## Dentistes

Le *Bottin* contient de nombreuses adresses; consulter aussi le garçon de l'hôtel.

## Cabinets inodores

L'étranger est souvent très embarrassé, mais sur presque chaque place, près des squares et aux angles des boulevards, sont installés des *chalets de nécessité* fort bien tenus, à 5 ou 10 centimes avec toilette.

On trouve aussi des *water-closets* à 15 centimes.

Au Palais-Royal, galerie de Chartres, 7.

Au jardin des Tuileries, au bout de l'allée des Orangers, côté Rivoli.

Aux Champs-Elysées, carré des Champs-Elysées à droite.

Au Luxembourg, entre la grande allée et le boulevard Saint-Michel.

Sur les boulevards, dans les passages.

Dans les gares (gratis ou avec rétribution).

Dans tous les cafés, marchands de vin, etc.

Des *colonnes vespasiennes*, pour hommes, se trouvent, à chaque pas, sur le parcours des grandes

Le Pavillon de la Tunisie : vue extérieure
(esplanade des Invalides).

voies, et des *latrines publiques*, sur la berge de la Seine, en bas de chaque tête de pont, ainsi que dans les halles et marchés. — Demander aux sergents de ville.

## Monnaies françaises

En France, indépendamment des *billets de banque* de 1 000, 500, 200, 100 et 50 francs, la monnaie se compose de :

1° Pièces de 5, 10, 20, 40, 50 et 100 francs en *or* ;

2° Pièces de 20 et 50 centimes, 1, 2 et 5 francs en *argent* ;

3° Centimes, doubles centimes et *sous* de 5 et 10 centimes en *bronze*.

Il faut donc : 5 centimes pour un sou, 10 centimes pour deux sous, et 100 centimes ou 20 sous pour 1 franc.

Si vous oubliez cette précaution, vous trouverez à Paris de nombreuses maisons de change.

## MINISTÈRES ET ADMINISTRATIONS

### Corps constitués

Le Président de la République, habite à Paris, le *Palais de l'Elysée*, dont l'entrée est rue du faubourg Saint-Honoré, près la place Beauvau.

*Chambre des Députés.* — Au palais du Corps législatif, quai d'Orsay. — Pour assister aux séances, demander des billets à un député ou au secrétaire de la questure.

*Sénat.* — Au palais du Luxembourg. — Pour assister aux séances, il faut demander des billets à un sénateur, ou au secrétaire de la questure.

Pour les adresses des députés ou sénateurs consultez le *Bottin*, qu'on trouve dans les cafés.

*Conseil d'État.* — Au Palais-Royal.

*Légion d'honneur.* — Quai d'Orsay. Ce palais est fermé au public.

### Ministères

Faire une demande motivée, par écrit, pour obtenir une audience.

*Affaires étrangères.* — Quai d'Orsay, hôtel de Meaux, et rue de l'Université, 130, près de l'Hôtel des Invalides.

*Agriculture.* — Cabinet du ministre, rue de Varenne, 78 ; Administration centrale, boulevard Saint-Germain, 244. Les bureaux sont ouverts au public, de 2 h. à 4 h., les mardis et vendredis.

*Commerce.* — Cabinet du ministre, quai d'Orsay, 25. Administration centrale, boulevard Saint-Germain, 244. Les bureaux sont ouverts au public de 2 à 4 h. les mardis et vendredis.

*Travaux publics.* — Boulevard Saint-Germain, 244, 246 et 248. — Bureaux ouverts de 2 h. à 4 h. 1/2, les mardis et vendredis.

*Finances* (bâtiments du Louvre). — Les caisses sont ouvertes de 10 h. à 3 h.; les bureaux de 10 h. à 4 h.
Ce ministère comprend : Direction des Contributions directes. — Direction générale de l'Enregistrement, des Domaines et du Timbre. — Direction générale des Douanes, pavillon de Rohan. — Direction des Contributions indirectes, place du Carrousel. — Direction générale des Tabacs, au Louvre. — Administration des Monnaies et Médailles, quai Conti, 11.

*Guerre.* — Rue Saint-Dominique 10 et 14. — Les bureaux de l'enregistrement et des renseignements sont ouverts les mardis et samedis, de midi à 2 h.

*Instruction publique, Beaux-Arts et Cultes.* — Rue de Grenelle-Saint-Germain, 110. — Les bureaux sont ouverts au public de 2 h. à 4 h.

*Intérieur.* — Cabinet du ministre et direction de la Sûreté générale, hôtel Beauvau, place Beauvau. — Directions : de *la Presse*, de *l'Administration départementale, communale et hospitalière*, rue Cambacérès, 7 et 9; direction du secrétariat et de la comptabilité, rue Cambacérès, 13; direction de l'administration pénitentiaire, rue Cambacérès, 11.

*Justice.* — Place Vendôme, 11. — Bureaux, rue du Luxembourg, 36. — Les directeurs reçoivent le public le vendredi, de 2 h. à 4 h., rue Cambon, 36.

Les légalisations ont lieu tous les jours, de midi à 2 h., excepté les dimanches et fêtes.

*Marine et Colonies.* — Place de la Concorde, entrée par la rue Royale. — Bureaux ouverts au public, le jeudi, de 2 h. à 4 h.

*Les Postes et Télégraphes.* — 99, 101, 103 et 105, rue de Grenelle-Saint-Germain. — Bureaux ouverts tous les jours.

Pour le *service des Postes et Télégraphes*, voir ci-après.

Le *Conseil municipal*, à l'Hôtel de Ville.

La *Préfecture de la Seine*, à l'Hôtel de Ville.

La *Préfecture de police*, au Palais de Justice.

Pour les *Mairies, Justices de paix* et *Commissariats* consulter le *Bottin*.

## Administrations diverses

*Enregistrement des Domaines, Timbre.* Rue de la Banque, 13. — Dépôts de papiers timbrés et de timbres dans tout Paris, chez les principaux débitants de tabac.

*Assistance publique.* — Place de l'Hôtel-de-Ville, 3.

*Mont-de-piété.* — Rue des Blancs-Manteaux; succursales dans tous les quartiers.

*Archives nationales.* — Rue des Francs-Bourgeois, 60.

*Contributions directes*, au Ministère des Finances, rue de Rivoli, au Louvre.

*Contributions indirectes et Douanes*. — Au Louvre.

*Imprimerie Nationale*. — Rue Vieille-du-Temple, 87. — Visible, avec une permission, le *jeudi* à 2 heures.

*Observatoire et bureau des Longitudes*. — Derrière le Luxembourg et avenue de l'Observatoire.

## Ambassades et Consulats

*Allemagne (Empire d')*. — Ambassade, rue de Lille, 78. — Consulat, rue Mailly, 2.

*Angleterre*. — Ambassade et consulat, faubourg Saint-Honoré, 39.

*Autriche*. — Ambassade, avenue de l'Alma, 7; consulat, rue Laffitte, 21.

*Bavière*. — Ministre plénipotentiaire, rue Washington, 23.

*Belgique*. — Ministre plénipotentiaire, faubourg Saint-Honoré, 153; consulat, faubourg Saint-Honoré, 153.

*Bolivie* (République de). — Consulat, rue de l'Échiquier, 27.

*Brésil*. — Ministre plénipotentiaire, rue de Téhéran, 17; consulat, rue de Châteaudun, 8.

*Chili* (République du). — Ministre plénipotentiaire, rue Magellan, 12; consulat, avenue Carnot, 12.

Exposition du ministère de la Guerre (esplanade des Invalides)

*Chine*. — Ministre plénipotentiaire, place Victor-Hugo, 7.

*Colombie* (États-Unis de). — Consulat, boulevard d'Enfer, 10.

*Confédération Argentine*. — Ministre plénipotentiaire, rue de Téhéran, 22; consulat, rue Grange-Batelière, 13.

*Costa-Rica* (République de). — Ministre plénipotentiaire, rue Pierre-Charron, 16; consulat, rue Lafayette, 94.

*Danemark*. — Ministre plénipotentiaire, rue de Courcelles, 29; consulat, rue d'Hauteville, 53.

*Equateur*. — Ministre résident et consulat, boulevard Malesherbes, 41; consulat, boulevard Haussmann, 21.

*Espagne*. — Ambassade, consulat et vice-consulat, rue Saint-Dominique, 53.

*Etats-Unis d'Amérique*. — Ministre plénipotentiaire, rue Galilée, 59, et place des Etats-Unis, 3; consulat, rue du Quatre-Septembre, 24.

*Grèce*. — Ministre plénipotentiaire, boulevard Haussmann, 127; consulat, rue Taitbout, 20.

*Guatemala*. — Ministre plénipotentiaire, rue Pierre-Charron, 16; consulat, avenue Marceau, 32.

*Haïti* (République de). — Ministre plénipotentiaire, rue Montaigne, 9; consulat, rue de Châteaudun, 55.

*Hawaïen* (Royaume). — Chargé d'affaires et consul général, rue de la Paix, 10.

*Honduras* (République de). — Consul général, avenue du Trocadéro, 136.

*Italie.* — Ministre plénipotentiaire et consulat, rue de Penthièvre, 11.

*Japon.* — Ministre plénipotentiaire, avenue Marceau, 75.

*Libéria* (République de). — Consulat, rue des Petits-Hôtels, 34.

*Luxembourg.* — Consulat, rue du Faubourg-Saint-Honoré, 153.

*Madagascar.* — Consulat, boulevard Haussmann, 77.

*Mexique* (États-Unis du). — Ministre plénipotentiaire, rue Cimarosa, 5 ; consulat, rue de Maubeuge, 7.

*Monaco.* — Ministre plénipotentiaire, boulevard de la Tour-Maubourg, 5.

*Nicaragua* (République de). — Consulat, rue Blanche, 40.

*Orange* (République d'). — Consulat, rue Meissonier, 4.

*Paraguay* (République du). — Consulat, rue Lafayette, 1.

*Pays-Bas.* — Ministre plénipotentiaire, avenue Marceau, 26 ; consulat, avenue Marceau, 56.

*Pérou* (République du). — Ministre plénipotentiaire, avenue Marceau, 28 ; consulat, rue de Milan, 11.

*Perse.*—Ministre plénipotentiaire, place d'Iéna, 1; consulat, rue La Boétie, 87.

*Portugal.* — Légation, rue Saint-Philippe-du-Roule, 6; consulat, avenue des Champs-Elysées, 122.

*République Dominicaine.* — Ministre plénipotentiaire, rue Balzac, 1.

*Roumanie.* — Rue de Penthièvre, 5.

*Russie.* — Ambassade et consulat, rue de Grenelle-Saint-Germain, 79.

*Saint-Siège.* — Nonce apostolique, rue de Varenne, 58.

*San Marin.* — Chargé d'affaires, rue de la Tour (Passy), 38.

*San Salvador.* — Ministre plénipotentiaire, rue Fortuny, 20; consulat, rue de Châteaudun, 46.

*Serbie.* — Ministre plénipotentiaire, rue de Rivoli, 240; consulat, avenue de Wagram, 127.

*Siam.* — Ministre plénipotentiaire, rue de Siam; consulat, rue Pierre-le-Grand, 8.

*Suède et Norvège* — Ministre plénipotentiaire, rue de la Baume, 8; consulat, rue Pasquier, 15.

*Suisse.* — Ministre plénipotentiaire, rue Cambon, 4.

*Turquie.* — Ambassade, rue de Presbourg, 10; consulat, place Saint-Ferdinand, 31.

*Uruguay.* — (République de l'). — Ministre plénipotentiaire, boulevard de Courcelles, 25; consulat, rue Desbrosses, 3.

*Venezuela* — Consulat, rue Jouffroy, 81.

*Zanzibar*. — Consulat, avenue des Champs-Elysées, 65.

N. B. Pour les petites puissances, ces adresses varient quelquefois.

## Pouvoirs judiciaires

*Cour des comptes*. — Au Palais-Royal, aile Montpensier. Vérification de la comptabilité générale des finances.

*Cour de cassation*. — Pourvois d'appel au Palais de Justice.

*Cour d'appel*. — Au Palais de Justice.

*Bureau de l'assistance judiciaire*. — Près le tribunal de première instance (Palais de Justice). Séances à 2 h., les mardi, mercredi, jeudi, vendredi et samedi.

*Tribunaux de première instance*. — Au Palais de Justice. — Affaires civiles, affaires correctionnelles et expropriations.

*Tribunaux correctionnels*. — En face de la Sainte-Chapelle; ils sont ouverts de midi à 4 h.

*Tribunal de simple police*, en face le Palais de Justice (local du tribunal de Commerce). — Jugement des contraventions aux arrêtés de police.

*Tribunal de commerce et Conseil des prud'hommes*. — On accède aux services du Tribunal de commerce par le quai de la Cité et le boulevard du Palais.

Un escalier monumental conduit au premier étage où se trouvent réunis tous les services.

La grande salle d'audience est décorée de peintures de Robert Fleury.

Une belle galerie à portiques, ménagée au centre du monument, permet de circuler autour des différentes chambres.

## Prisons

Les prisons de Paris sont : le *Dépôt de la préfecture*, la *Conciergerie*, la *Grande Roquette*, la *Prison des jeunes détenus*, *Mazas*, *Sainte-Pélagie*, *Saint-Lazare*, la *Maison de correction de la Santé* et la prison de *Nanterre*, aux environs de Paris.

*Prison militaire* et *Conseil de guerre*, rue du Cherche-Midi.

## CORRESPONDANCE

A Paris, on peut faire son courrier à l'hôtel, au café ou dans un cabinet de lecture.

On correspond : par *poste, télégraphe, téléphone* ou *commissionnaires*.

### Postes

L'administration des postes et télégraphes comprend :

1º Bureaux du ministère, rue de Grenelle ;

2º Hôtel des Postes, rues du Louvre et Etienne-Marcel ;

3º 85 succursales distribuées dans les différents quartiers, ouvertes de 8 heures du matin à 9 heures du soir ;

4º De nombreuses boîtes aux lettres installées à la devanture de la plupart des débits de tabac.

*Poste restante.* — Pour qu'elles puissent être dirigées sur le bureau central ou sur une succursale, il est indispensable que les correspondances portent comme suscription : *poste restante*, avec indication de la rue où se trouve le bureau destinataire.

Pour retirer une lettre, il faut être muni d'un passeport ou d'une pièce en règle constatant votre identité.

*Envoi des lettres.* — Pour qu'une lettre parte par les courriers du soir, il faut qu'elle soit déposée :

Avant 5 heures aux bornes-postes et boîtes des quartiers ;

Avant 5 h. 1/2 aux bureaux ordinaires ;

Avant 6 heures à la grande poste et aux bureaux de la place de la Bourse, de la rue de Cléry, 30, et de la place du Théâtre-Français ;

A tous les bureaux : jusqu'à 6 h. 1/4, avec surtaxe de 20 cent.; jusqu'à 6 h. 1/2 avec surtaxe de 40 cent.

Jusqu'à 7 heures, aux bureaux des gares ou à la grande poste, avec surtaxe de 60 cent.

### TARIF FRANÇAIS

*Lettres ordinaires.* — Taxe uniforme pour Paris, la France et l'Algérie : affranchies, jusqu'à 15 gr., 15 cent.; de 15 à 30 gr., 30 cent.; non affranchies : jusqu'à 15 gr., 30 cent.; de 15 à 30 gr., 60 cent.

Et ainsi de suite en ajoutant 15 cent. par 15 gr. pour les lettres affranchies, et 30 cent. par 15 gr. pour les lettres non affranchies.

*Lettres recommandées.* — Elles ne payent qu'un droit fixe de 25 cent. en plus de l'affranchissement des lettres ordinaires de même poids.

*Lettres chargées avec valeurs déclarées.* — Outre l'affranchissement des lettres recommandées de même poids, les lettres chargées payent un droit de 10 cent. par 100 fr. (Maximum de la déclaration 10 000 fr.)

*Cartes postales simples* : 10 cent.

*Cartes postales avec réponse payée* : 10 cent. pour l'une et 10 cent. pour l'autre partie, en tout 20 cent.

*Cartes-lettres* : 15 cent. — Les cartes-lettres peuvent être recommandées moyennant un droit

Pavillon de l'Algérie (esplanade des Invalides).

fixe de 25 cent., et donnent lieu, dans ce cas, à l'émission d'un avis de réception de 10 cent.

### TARIF ÉTRANGER (UNION POSTALE)

Tous les pays d'Europe font partie de l'Union postale, ainsi que les pays étrangers dont la nomenclature suit :

Brésil, Chili, Colombie, Colonies anglaises (un certain nombre), Colonies françaises, Égypte, États-Unis, Guatemala, Haïti, Hawaï, Honduras, Japon, Libéria, Mexique, Nicaragua, Paraguay, Pérou, Perse, République Argentine, République Dominicaine, Salvador, Uruguay, Vénézuela.

*Lettres ordinaires affranchies.* — Prix uniforme : 25 cent. par 15 gr.

*Lettres ordinaires non affranchies.* — Prix uniforme : 50 cent. par 15 gr.

*Lettres recommandées.* — Droit fixe de 25 cent. en plus de l'affranchissement d'une lettre ordinaire de même poids.

*Cartes-lettres.* — Prix : 25 cent.

*Objets recommandés.* — Le dépôt des objets recommandés, des valeurs déclarées et des chargements pour les départs du soir, a lieu : 1° dans les bureaux ordinaires jusqu'à 4 h. 1/2 ; 2° à l'Hôtel des Postes et aux bureaux de la place de la Bourse, de la rue de Cléry, 30, de la place du Théâtre-Français, et de la rue d'Allemagne, 139, jusqu'à 4 h. 45. Les chargements pour la ligne du Havre sont reçus dans tous les bureaux jusqu'à la fermeture des guichets.

*Colis postaux. — Tarif dans Paris. —* Transport et remise à domicile, par colis : 25 cent.

Payement, au bureau de dépôt du colis, des sommes encaissées pour le remboursement demandé : 35 cent.

Payement, à domicile, des mêmes sommes dans les limites de l'ancien octroi : 35 + 25 cent., soit 60 cent.

*Distribution des colis à Paris. —* Il y a 3 distributions par jour : 1° de 7 heures à midi ; 2° de midi à 5 h. 1/2 du soir ; 3° de 5 h. 1/2 à 9 heures du soir.

## Télégraphes

*Les bureaux sont ouverts :* l'été, 1er mars, de 7 heures du matin à 9 heures du soir ; et l'hiver, 1er novembre, de 8 heures du matin à 9 heures du soir.

*Sont ouverts jusqu'à 11 heures du soir,* les bureaux des Champs-Elysées, de la rue de Lyon, de la place de la République, de la gare du Nord, de la gare d'Orléans, de l'avenue de l'Opéra, du boulevard Saint-Denis, de la rue Boissy-d'Anglas, de la rue de Vaugirard, de la rue Saint-Lazare, de la rue des Halles et du boulevard des Capucines.

*Jusqu'à minuit,* les bureaux du Grand-Hôtel, de la place du Havre et de la rue Saint-Lazare.

*Sont ouverts toute la nuit,* les bureaux de la rue de Grenelle et de la place de la Bourse.

*Observations. —* Les dépêches doivent être écrites lisiblement en caractères usités en France (alphabet romain, chiffres romains ou arabes).

Les indications éventuelles telles que « réponse payée », etc., sont mises avec l'adresse et exprimées en formule abrégée (R. P.); elles comptent pour un mot.

Les mots composés, compris à ce titre au Dictionnaire de l'Académie française, comme *après-demain*, et les noms de rue, place, les désignations relatives aux numéros des maisons, ainsi que tous les noms géographiques, ne sont comptés que pour un mot. Quant aux noms de famille, ils sont comptés pour le nombre de mots employés à les exprimer.

Les traits d'union, les apostrophes, les signes de ponctuation, les alinéas ne sont pas comptés; pour chaque passage souligné, on compte un mot de plus.

Les nombres en chiffres sont comptés pour autant de mots qu'ils contiennent de fois cinq chiffres, plus un mot pour l'excédent. Les virgules qui séparent les chiffres, les barres de division sont comptées pour un chiffre.

Dans le service international toutes les expressions, jusqu'à concurrence de 15 lettres, comptent pour un mot.

### TARIF INTÉRIEUR

*De Paris pour Paris* (limites du nouvel octroi). (Cartes-télégrammes échangées par la voie des tubes pneumatiques et indépendantes du nombre de mots):

Formules de dépêches remises ouvertes : 30 cent.

Formules de dépêches remises fermées : 50 cent.

*N. B.* — On les dépose dans les boîtes portant l'inscription : *Cartes-télégrammes*.

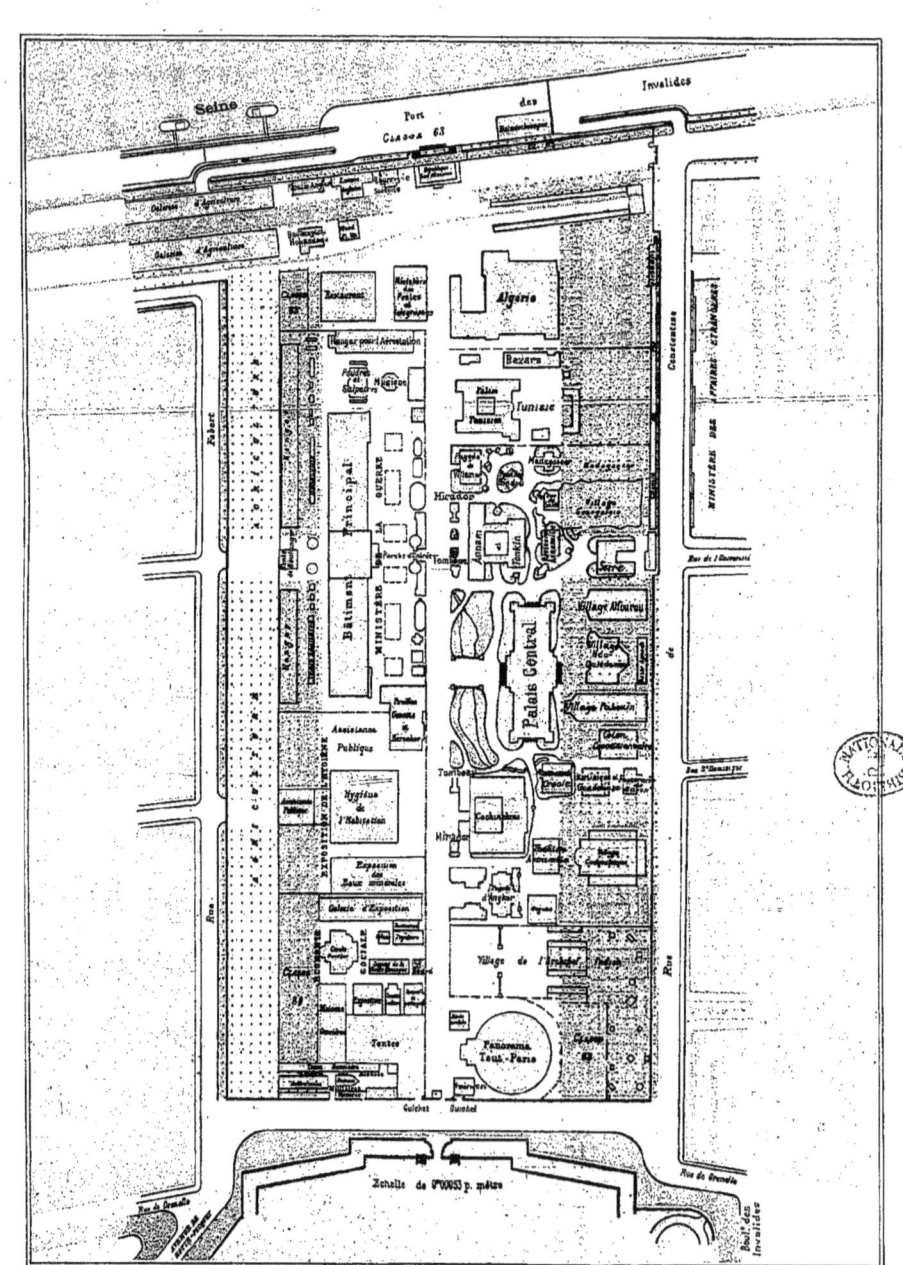

*Entre deux bureaux de France* (Corse et principauté de Monaco comprises) : le mot, 5 cent., avec un minimum de 50 cent. par dépêche.

*De la France pour l'Algérie et la Tunisie*, par mot (avec minimum de 10 mots par télégramme) : 10 cent.

### TARIFS INTERNATIONAUX

*Taxe par mot, sans minimum de mots obligatoire*
(voies directes)

| | Le mot |
|---|---|
| Allemagne. . . . . . . . . . . . . . . | 0 20 |
| Angleterre - Irlande (et les îles de la Manche) . . . . . . . . . . . . . | 0 25 |
| Autriche . . . . . . . . . . . . . . | 0 30 |
| — Hongrie . . . . . . . . . . | 0 35 |
| Belgique (correspondance générale). . | 0 15 |
| Danemark . . . . . . . . . . . . . | 0 35 |
| Egypte (voie de Turquie) 1re Région. | 1 70 |
| 2me Région. | 1 95 |
| Espagne . . . . . . . . . . . . . . . | 0 20 |
| Grèce continentale. . . . . . . . . . | 0 55 |
| Italie. . . . . . . . . . . . . . . . | 0 20 |
| Luxembourg (Relations générales) . . | 0 12 1/2 |
| Norvège . . . . . . . . . . . . . . | 0 40 |
| Pays-Bas. . . . . . . . . . . . . . | 0 20 |
| Portugal . . . . . . . . . . . . . . | 0 25 |
| Russie : Russie d'Europe. . . . . . . | 0 60 |
| — Russie d'Asie . . . . . . . . | 0 85 |
| Suède . . . . . . . . . . . . . . . | 0 45 |
| Suisse (Relations générales) . . . . . | 0 15 |
| Turquie : Turquie d'Europe. . . . . . | 0 60 |
| — Turquie d'Asie (ports de mer). | 0 85 |
| — Turquie d'Asie (intér.) 0 95 et | 1 05 |

*N. B.* — Il est préférable d'employer les « voies normales », la taxe par les « voies indirectes » comportant une surtaxe additionnelle de 5 mots par télégramme.

## Téléphones

Depuis le 1ᵉʳ janvier 1885, des cabines téléphoniques sont à la disposition du public, dans la plupart des bureaux de poste et dans ceux de la Compagnie générale des téléphones. On peut y communiquer verbalement soit avec les abonnés du réseau, soit avec une personne placée dans une autre cabine.

*5 minutes de conversation :*

De bureau à bureau, dans Paris : 50 cent.
De Paris (bureau de la Bourse) avec Reims ou le Havre : 1 fr.
Entre Paris et Bruxelles : 2 fr.

Les principales villes de France seront prochainement mises en communication téléphonique avec Paris.

*N. B.* — Comme nous l'avons dit, on peut sans inquiétude confier le port d'une lettre ou d'un colis à un *Commissionnaire*, en prenant préalablement le numéro de la médaille en cuivre qui est fixée au parement de sa veste.

## ARRIVÉE A PARIS

En arrivant en gare, ne descendre qu'après l'arrêt complet du train, et quand on est certain qu'on n'oublie rien dans le wagon. En attendant l'ouverture de la salle des bagages (10 ou 15 minutes), aller retenir une des voitures indiquées page 8, et dont on se fera remettre le numéro par le cocher.

*Bagages.* — Sur la présentation de votre bulletin d'enregistrement, vos colis visités devant vous par les employés des douanes et de l'octroi sont mis à votre disposition, et vous pouvez les faire transporter à votre voiture par un facteur de la Compagnie, à qui vous donnerez de 20 à 50 cent., suivant leur nombre.

*Consigne.* — On peut laisser ses bagages en gare moyennant une rétribution de 10 cent. par jour et par colis, dont la Compagnie vous remet un récépissé et devient responsable.

*Choix d'un hôtel. Précautions prudentes.* — A moins que vous ne vous fassiez conduire chez un parent ou ami, donnez au cocher le nom et l'adresse de l'hôtel que vous avez retenu ou choisi, soit près de la gare, soit dans le quartier qui vous convient (voyez page 27 et suivantes).

Après avoir payé votre voiture, et arrêté vos conditions avec votre hôtelier, faites monter vos malles dans votre chambre. Si vous avez des valeurs, il faut sans retard les consigner au bureau contre un reçu, ou bien les déposer à la Banque de France.

Quoique les bons hôtels soient généralement sûrs, il est prudent de tenir ses malles fermées, et de retirer, en se couchant ou en sortant, la clef de la porte de sa chambre.

Pour éviter les erreurs, demander la note tous les deux ou trois jours; et à la fin, si l'on doit partir le matin, la demander la veille. Que le service ait été ou non compris dans le compte, il est d'usage en partant de donner aux employés, garçon, concierge, etc., une gratification proportionnée au temps de votre résidence, soit à raison de 50 cent. à 1 fr. par jour que vous leur partagez.

*Repas.* — Pendant votre séjour, vous pouvez déjeuner et dîner au restaurant de l'hôtel, ou bien choisir, dans les divers quartiers que vous parcourerez, un des établissements à prix fixe ou à la carte indiqués dans ce guide.

## VISITE A L'EXPOSITION

Comprenant l'impatience bien naturelle de nos hôtes nous les emmènerons d'abord au but principal de leur voyage, à l'Exposition, qui couvre l'immense espace comprenant :

1° L'esplanade des Invalides ;
2° Le quai d'Orsay et les bas-ports, depuis le Corps législatif, jusqu'au pont d'Iéna ;
3° Le vaste amphithéâtre du Trocadéro ;
4° Toute l'étendue du Champ de Mars jusqu'à l'Ecole Militaire.

### Moyens de transport

Si vous ne pouvez faire la course à pied, vous avez à choisir entre les véhicules suivants :

1° *Fiacres, voitures de remise, tapissières*, dont le nombre a été augmenté et la cavalerie améliorée. On en trouve sur toutes les places et sur tous les points du parcours.

2° *Omnibus* et *tramways*. Les anciennes lignes menaient déjà à proximité de certaines entrées de l'Exposition.

Ainsi, pour le Trocadéro, il y a les lignes : Chemin de fer de l'Est-Trocadéro, Villette-Trocadéro, Louvre-Passy, Louvre-Saint-Cloud et Sèvres, Louvre-Versailles.

Du côté de l'Ecole Militaire, il y a : Grenelle-Porte Saint-Martin, Place de la République-Ecole

Militaire, Grenelle-Bastille, Auteuil-Place Saint-Sulpice.

Enfin place de l'Alma, c'est-à-dire à une faible distance de la porte Rapp, passent l'omnibus d'Auteuil à la Madeleine et le tramway de l'Etoile à la gare Montparnasse.

Le tramway de la gare d'Orléans conduit aux Invalides.

Cette année, il y a en plus six nouvelles lignes, allant :

De la place de la République au quai d'Orsay ;
De la gare Saint-Lazare à la porte Rapp ;
De la place du Palais-Royal à l'Ecole Militaire ;
Du Louvre à la porte Rapp ;
De la Bastille au quai d'Orsay.

Enfin, la sixième, de la station du Trocadéro (sur le chemin de fer de ceinture), au palais du Trocadéro. Cette ligne servirait aux visiteurs qui, partis de la gare Saint-Lazare sur le chemin de fer de ceinture, voudraient commencer leur visite par le palais et les jardins du Trocadéro. Ils arriveraient ainsi à destination directement, sans faire un long détour, en passant par le Champ de Mars.

Il y a ainsi quatre mille courses journalières, offrant au public cent soixante-treize mille sept cent cinquante places, — rien que sur les lignes d'omnibus et de tramways.

*Bateaux.* — Il existe actuellement deux services de bateaux-omnibus, celui des « Hirondelles », qui fait le trajet entre le port Saint-Nicolas (en face du pavillon de Flore) et Suresnes, et celui des « Mouches », qui fait le trajet entre le pont d'Austerlitz et Auteuil.

Pavillon de la Bolivie (Champ de Mars)

A l'occasion de l'Exposition, trois services nouveaux sont destinés uniquement à transporter les voyageurs au Champ de Mars et aux Invalides.

L'un de ces trois services appartient à la maison du Louvre, qui l'utilise au transport de ses clients, du Pont-Neuf à un ponton spécial situé à droite de l'avenue de Suffren.

Les deux autres sont faits, l'un par les « Hirondelles » et l'autre par les « Mouches ».

Les « Hirondelles » qui suivent la rive gauche, partent de l'Hôtel de Ville pour aller jusqu'au pont d'Iéna ; les « Mouches », qui suivent la rive droite, partent du pont de Charenton, pour aller, eux aussi, jusqu'à l'Exposition.

La flottille qui fait le service pendant l'Exposition se compose de 106 bateaux, contenant de 250 à 300 voyageurs.

Entre les ponts d'Iéna et de l'Alma, il y a quatre pontons : le premier près du Trocadéro ; deux en aval du pont de l'Alma ; le dernier, en amont du pont de l'Alma, desservant exclusivement les bateaux de Suresnes.

Sur la rive gauche, nous trouvons d'abord le ponton des bateaux du Louvre au droit de l'avenue de Suffren.

Entre les ponts d'Iéna et de l'Alma, il y a six pontons. Le premier, en aval du Panorama de la Compagnie transatlantique ; deux sont en amont ; un quatrième, entre le pavillon de la Pisciculture et celui de la Commission maritime ; un cinquième, au-delà du pavillon des Produits alimentaires ; le sixième, en aval du pont d'Iéna.

Enfin, un dernier ponton situé en amont du pont

de l'Alma, servira au départ pour Paris des voyageurs venant de l'esplanade des Invalides.

*Voies ferrées.* — Toutes les grandes gares, et notamment celle de Saint-Lazare, conduisent au chemin de fer de ceinture, que l'on peut prendre à toutes les stations, et qui s'embranche à Vaugirard-Issy, avec la petite voie qui mène au Champ de Mars.

Muni de votre ticket (on en trouve à 1 fr. dans tous les bureaux de poste), vous entrez à l'Exposition par celui des guichets le plus voisin de votre point d'arrivée.

Une fois entré, si vous ne voulez pas vous fatiguer, nous vous indiquerons les moyens de locomotion que l'on trouve à l'intérieur.

## EXPOSITION UNIVERSELLE

La France renouvelant tous les onze ans son Exposition universelle, une heureuse coïncidence a fait tomber celle-ci juste à l'époque du centenaire de la Révolution française.

Depuis 1789, le Champ de Mars fut témoin d'événements divers ; c'est notamment à partir de 1867 que nos Expositions s'y succédèrent avec un déploiement de magnificence chaque fois grandissant.

Quant à celle de 1889, voici ce qu'écrit à son sujet un des rédacteurs anglais les plus autorisés dans la *Pall Mall Gazette :*

« Cette Exposition sera la plus colossale et la plus extraordinaire que le monde ait jamais vue. Il faut avoir visité tout récemment les travaux pour se rendre compte de la rapidité vertigineuse avec laquelle ils furent terminés, et pour se faire une idée de cette ampleur sans égale, comme conception et comme exécution.

« Les Français aiment à faire grand : ils sont en train de prouver une fois de plus qu'ils s'y entendent. Leur Exposition du centenaire de 1789, comparée surtout aux misérables déballages que nous avons accoutumé de voir à Kensington, est absolument stupéfiante. Ni les peines, ni l'argent n'ont été ménagés. Rien de mesquin n'afflige le regard. Jusque dans la plus petite charpente de fer, le sentiment artistique et le goût éclatent. Le résultat est de nature à démontrer à l'univers que la France est toujours la plus laborieuse et la plus artiste des nations, et qu'une fois résolue à faire une chose, elle sait s'y mettre corps et âme. Si les nuages dont l'horizon politique reste chargé n'éclatent pas en orage, l'Exposition va attirer à Paris la moitié du monde civilisé, et certes à bon droit, car c'est la plus belle que le globe ait jamais vue. »

## Division et Aspect général

L'Exposition universelle de 1889 se divise en quatre parties principales comprenant : le Champ de Mars, le parc du Trocadéro, le quai d'Orsay et l'esplanade des Invalides. Elle couvrira une surface totale d'environ 70 hectares.

### CHAMP DE MARS

C'est au Champ de Mars que se trouvent les grands palais d'exposition proprement dits : le palais des Machines, le palais des Expositions diverses, le palais des Beaux-arts et des Arts libéraux ; enfin l'immense tour de 300 mètres qui, dans vingt ans, doit devenir la propriété de la ville de Paris.

### PALAIS DES MACHINES

Le palais des Machines, dont l'idée première est due à M. Dutert, l'un des trois premiers lauréats du grand concours de l'Exposition, comprend : une grande nef centrale de 115 mètres de largeur sur 420 mètres de longueur, deux galeries latérales de 15 mètres de largeur, deux tribunes parallèles aux avenues de La Bourdonnais et de Suffren, et un vestibule principal d'entrée.

*Grande nef.* — La construction métallique de la grande nef, commencée en avril 1888, suivant les projets de M. Dutert, architecte, et de M. Contamin, ingénieur en chef du contrôle des constructions métalliques, a été terminée le 10 octobre. Elle se compose de vingt fermes de 115 mètres de portée dont dix-huit courantes semblables et deux de tête doubles, réunies les unes aux autres sous les combles au nombre de dix par travée, et, dans la hauteur du palais, par des poutres formant balcon mi-partie plane, mi-partie à treillis, et des arcades en fers et tôles du commerce.

Ce gigantesque ensemble pèse 7 millions 784 519 kilogr.

La couverture de la nef est en dalles de verre de Saint-Gobain; les parties basses vers les chéneaux sont pleines et couvertes de décorations en relief et peintes. Les écussons des chefs-lieux de département, des principales villes de nos colonies et des capitales des pays étrangers y sont représentés. Les armes de la ville de Paris occupent le centre de la travée du milieu; Marseille, Lyon, Lille, Bordeaux, occupent des points importants. Pour l'étranger, on relève les armes de Washington, Londres, Saint-Pétersbourg, Vienne, Pékin, Rome, Copenhague, Téhéran, Mexico, La Haye, Athènes, Lisbonne, Bruxelles, To-Kio, Buenos-Ayres, Siam, Stockholm, Tanger, Rio-de-Janeiro, Le Caire, Belgrade, Bucharest, Luxembourg, etc., etc.

Les parties en relief ont été exécutées par M. Jules Martin, sculpteur, et les parties basses peintes par M. Jambon.

*Pignons, bas-côtés et tribunes.* — La construction

Pavillon du Venezuela (Champ de Mars)

des pignons qui ferment la grande nef et les tribunes adossées a employé 1 200 000 kilogrammes de fer.

Le pignon de l'avenue de Suffren est décoré, au centre de la tribune, de vitraux représentant la bataille de Bouvines. Le pignon de l'avenue de La Bourdonnais, qui constitue la principale entrée du palais des Machines, est flanqué de deux pylones en fer et à jour, de 35 mètres de hauteur, renfermant l'un, l'escalier de service, l'autre un ascenceur électrique. Ces pylones portent en relief les armes et les attributs de la ville de Paris. L'archivolte est décorée des armes des principaux pays participant à l'Exposition, tels que les Etats-Unis, la Grande-Bretagne, la Belgique, la Suisse, la Russie, l'Autriche, l'Italie, le Japon, l'Espagne, le Brésil, le Mexique, les Pays-Bas, la Norvège, la République Argentine, la Grèce, le Maroc, l'Egypte, le Chili, etc. Les verrières reposent sur un arc plein en staff, orné d'un grand rinceau décoratif accompagné d'instruments de travail. Cette arcade décorative est épaulée par deux groupes remarquables de sept mètres de haut, *la Vapeur* et *l'Electricité*, exécutés en plâtre par MM. Chapu et Barrias.

Les bas-côtés, dont le poids de la construction métallique est de 2 698 056 kilogrammes, ont un premier étage d'où l'on domine l'ensemble de la construction. Les parois verticales sont décorées de parties pleines composées de briques rouges et blanches d'un heureux effet; les verrières sont en verre blanc et les bordures en verre émeraude; les plafonds sont ornés de staff en relief.

*Le vestibule d'entrée*, correspondant au palais des

Expositions diverses, comprend un escalier double. La rampe est en fer forgé et bronze, véritable œuvre d'art. Deux figures en bronze, exécutées par MM. Cordonnier et Barthélemy, ornant les départs de l'escalier, portent chacune un groupe de vingt lampes à incandescence.

Le vestibule est couvert par une coupole portant sur pendentifs. L'architecte du palais y rappelle les principales forces productives de la France. La verrière du plafond rappelle les principales productions de l'agriculture : le lin, le chanvre, le blé, le maïs, etc. ; les pendentifs peints représentent les arts, les sciences, les lettres, le commerce. Le bas de la coupole est orné de groupes d'enfants tenant des attributs des principaux corps d'état ; enfin, six fenêtres éclairant ce vestibule, sont décorées de figures allégoriques représentant l'orfèvrerie, l'ébénisterie, la verrerie, la céramique, etc.

La construction du palais des Machines a coûté 7 513 894 francs.

Les constructions métalliques présentent dans ce palais et dans l'ensemble de l'Exposition une importance telle, qu'elles doivent faire l'objet de considérations spéciales que nous résumerons plus loin.

*Installation des exposants.* — Les générateurs de vapeur prennent place dans la cour de la force motrice, en façade sur l'avenue de la Motte-Piquet ; la quantité totale de vapeur, pour la fourniture de laquelle il a été traité avec les exposants constructeurs, est de 496 000 kilogr. à l'heure. Cette vapeur est destinée à actionner les machines motrices et tous les appareils à vapeur installés par les exposants du palais des Machines.

Les machines motrices sont au nombre de 32, dont 31 destinées à actionner les arbres de couche de la transmission principale de mouvement du palais des Machines, et une à un transport de force par l'électricité qui doit actionner la transmission de la classe 49 (Agriculture) sur le quai d'Orsay. Sur les 31 moteurs, 28 actionnent les 4 grandes lignes d'arbres sectionnées elles-mêmes en 28 tronçons; les 3 centres actionnent des arbres de couche spéciaux. La force motrice totale disponible sur les arbres de couche du palais des Machines s'élève à près de 2 600 chevaux.

La transmission de mouvement principale comprend les quatre lignes d'arbres que l'on voit d'un bout à l'autre du palais, et qui ont chacune une longueur de 300 mètres environ. C'est sur ces lignes d'arbres que les exposants prennent la force motrice nécessaire à actionner leurs appareils.

Deux ponts roulants d'une portée de 18 mètres et d'une puissance de 10 tonnes environ, de construction française, assureront le service de la manutention pendant l'aménagement du palais des Machines, et le transport des visiteurs pendant la durée de l'Exposition.

Le palais des Machines sera un monument unique au monde, tant par l'élégance de sa construction que par la hardiesse de son immense enjambée de 115 mètres. Personne ne pourra admettre que ce chef-d'œuvre ne doive durer que six mois pour être démoli et vendu comme vieille ferraille à la fin de l'Exposition; nous avons la confiance qu'une solution interviendra permettant de le conserver, tout en sauvegardant les intérêts primordiaux dont le ministère de la Guerre a le juste souci.

## PALAIS DES EXPOSITIONS DIVERSES

Le palais des Expositions diverses, qui forme le lien entre le palais des Machines et les palais des Beaux-Arts et des Arts libéraux, est l'œuvre de M. Bouvard, architecte.

Il se compose d'un vaste ensemble de galeries de 105 878 mètres de superficie. Ce sont, d'une part, des galeries-abris, très simples de construction, pour les produits de toutes sortes, et, d'autre part, des galeries de circulation plus grandement traitées, et enfin un grand motif central d'entrée surmonté d'un dôme monumental.

De ce perche, ou vestibule principal, partent, à droite et à gauche, des galeries à jour qui entourent le jardin central ; sous ces galeries sont installés des établissements de consommation avec promenoir en avant, formant un portique surmonté d'une grande frise qui dissimule les toitures, et qui est décoré d'écussons et d'inscriptions.

En arrière, suivant le grand axe du Champ de Mars, se trouve une galerie de 30 mètres de largeur, aboutissant directement au palais des Machines et desservant latéralement toutes les galeries des Expositions diverses.

Le palais des Expositions diverses, véritable synthèse de l'industrie moderne, échappe, en raison même de sa destination, aux règles rigoureuses d'esthétique qui sont imposées au palais des Machines et aux palais des Arts, le premier devant caractériser la force et la grandeur, le deuxième l'élégance, qui est chez nos artistes une tradition nationale. Ici, la vérité des objets exposés permet une certaine liberté de forme, une décoration plus fantaisiste.

Dix-sept sculpteurs d'ornement, dont deux sociétés ouvrières et vingt-deux peintres, ont été chargés de la décoration.

La dépense probable du palais des Expositions diverses s'élève à 5 885 637 francs.

*Installation des exposants.* — Les groupes III, IV et V (mobilier, vêtement et produits ouvrés), qui constituent en réalité toute la partie industrielle de l'Exposition, occupent : le premier, tout le côté droit du palais, et les deux autres le côté gauche.

L'installation des expositions des manufactures nationales est sous le dôme central.

Les sections étrangères occupent les travées intérieures.

### PALAIS DES BEAUX-ARTS ET DES ARTS LIBÉRAUX
### GALERIES RAPP ET DESAIX

Les palais des Arts, dont l'auteur est M. Formigé, architecte, comprennent quatre parties distinctes : le palais des Beaux-Arts, parallèle à l'avenue de la Bourdonnais; le palais des Arts libéraux, parallèle à l'avenue de Suffren; la galerie Rapp et la galerie Desaix qui relient les deux palais à celui des Expositions diverses.

On doit remarquer la diversité des systèmes de construction et la variété des formes auxquelles l'architecte a eu recours pour éviter toute monotonie, et en même temps pour approprier chaque construction à l'usage auquel elle est destinée.

Les grandes nefs des deux palais sont constituées

Les Moucharabis de la rue du Caire (Champ de Mars)

par de grandes fermes de 52 m. 80 d'ouverture, distantes de 18 en 18 m. et reliées les unes aux autres par des pannes à treillis, les galeries latérales se composent de 72 fermes de 15 mètres de portée, enfin les fermes des galeries Rapp et Desaix ont 30 mètres d'ouverture.

Au centre de chacun des palais des Beaux-Arts et des Arts libéraux, est une grande coupole émaillée de tons blanc, bleu turquoise, jaune et or d'un effet harmonieux. Chaque coupole repose sur un mur d'attique dont les assises en brique alternent avec d'autres assises de même ton que la coupole; ce mur d'attique est en outre épaulé par des consoles couronnées par des vases, sortes d'épis émaillés de 3 mètres de hauteur; entre les consoles sont percés des œils-de-bœuf aux assises alternées de rose et également de bleu.

Du couronnement de chaque palais, rappelant quelque peu les coupoles émaillées des Persans, la composition se continue par les entrées d'honneur placées au centre du palais.

Ces entrées comprennent trois arcades plein-cintre du côté du jardin, et à cintre surbaissé vers l'extérieur Chaque arcade est entourée d'archivoltes en terre cuite et de médaillons à fond d'émail dans les tympans; les piédroits sont ornés, du côté des Beaux-Arts, par des arabesques où brille encore la palette du faïencier, et, du côté des Arts libéraux, de trophées en terre cuite qui doivent montrer, par leurs grandes dimensions et les difficultés vaincues, tous les progrès faits de nos jours dans *l'art de la terre*.

Le couronnement de l'entrée d'honneur est formé d'un attique percé de trois niches où des statues symbolisent les Beaux-Arts ou les Arts libéraux. Entre les niches court une grande frise en terre cuite dont les colorations rappellent les autres points émaillés. Deux pylones forment le cadre de chaque entrée d'honneur, puis l'ordonnance des palais se poursuit à droite et à gauche avec une décoration formée d'une triple ceinture de terre cuite comprenant une balustrade au premier étage, une frise à fond d'or sous la corniche, et une seconde balustrade à hauteur du comble. Chaque pilier en fer est revêtu de panneaux en terre cuite; un grand écusson émaillé lui sert de chapiteau, et son couronnement en fonte sert de base aux mâts ornés de bannières aux couleurs de France, alternant avec les couleurs étrangères, dont l'ensemble rappellera le caractère international de l'Exposition.

Les palais se terminent d'un côté, vers la Seine, par des pavillons surmontés d'une coupole, sur plan carré, dont les colorations rappellent la partie centrale; de l'autre côté, par les pignons des galeries Rapp et Desaix, dont les ouvertures ont presque la largeur de l'entrée du palais de l'Industrie.

Cette œuvre, dont vous pouvez apprécier le gracieux effet, et qui fera grand honneur à son architecte, a coûté 6 764 707 fr. 83.

Le palais des Beaux-Arts est un vaste et splendide musée où l'on peut admirer les chefs-d'œuvre de la peinture et de la sculpture françaises et étrangères.

Le palais des Arts libéraux contient l'exposition du groupe II, formé par l'ensemble des classes 6 à 16, se rattachant à l'enseignement et à la pratique des arts dits libéraux, notamment la médecine, la chirurgie, la librairie, la photographie, etc. Chaque classe a son salon, ses vitrines, ses instruments, bibliothèques, etc.

### TOUR DE 300 MÈTRES

La tour de 300 mètres, qui a rendu populaire le nom de son constructeur, M. Eiffel, comprend une énorme quantité de fer qui ne pèse pas moins de 7 300 000 kilogrammes. Ce colossal spécimen de l'art de l'ingénieur est une merveille que nous étudierons plus loin dans tous ses détails.

Les visiteurs font l'ascencion de la tour au moyen d'escaliers et de divers systèmes d'ascenseurs ingénieusement combinés.

La tour Eiffel aura certainement le succès qu'elle mérite, et nous espérons qu'elle pourra aussi avoir son utilité pour les expériences scientifiques qu'il serait intéressant de faire à une si grande hauteur. La tour deviendra, d'ailleurs, la propriété de la Ville à l'expiration de la concession de vingt ans accordée à M. Eiffel pour le terrain qu'elle occupe.

### PARCS ET JARDINS DU CHAMP DE MARS

Une place d'honneur a été réservée dans l'Exposition aux parcs et aux jardins, à la verdure et aux fleurs. Le plan général de l'ensemble des palais s'y prête à merveille : le palais des Expositions diverses, avec son dôme monumental, forme le décor du fond ; de là, les jardins à la française, déroulant sur près d'un kilomètre et demi leur perspective jusqu'au palais du Trocadéro, étagés d'abord en une terrasse d'un merveilleux effet, où l'on remarque les deux pavillons de la ville de Paris, encadrés ensuite par le palais des Beaux-Arts et des Arts

# ASPECT GÉNÉRAL

libéraux, se développent enfin librement vers la Seine, semés de constructions pittoresques de toute nature et de tout pays.

La partie centrale des jardins du Champ de Mars, dans l'axe du Trocadéro et du dôme du palais des Expositions diverses, est ornée de deux fontaines ou plutôt de deux bassins aux proportions monumentales : le premier, adossé à la terrasse, contient la grande composition allégorique de M. Coutan, exécutée d'après les dessins de M. Formigé, représentant le vaisseau du progrès symbolique de la ville de Paris.

Le second, situé sous la tour Eiffel, est décoré par M. Saint-Vidal de groupes représentant le génie humain au centre des cinq parties du monde.

Ces deux grands bassins forment ainsi la plus agréable perspective avec la façade du Trocadéro, lorsque, le soir, la lumière électrique se joue dans les masses d'eau qu'elle colore de mille nuances différentes. Cet effet, tout nouveau à Paris, est obtenu grâce à un ingénieux système dont les premiers essais ont eu tant de succès à Londres, à Glasgow et à Barcelone.

M. Bechmann, ingénieur en chef des ponts et chaussées, qui dirige avec tant de compétence le service des eaux de l'Exposition, a su réaliser de nombreuses améliorations qui donneront un attrait tout particulier aux grandes eaux de l'Exposition.

Du côté de l'avenue de La Bourdonnais, les jardins du Champ de Mars sont bordés soit par les bâtiments des diverses administrations de l'Exposition, soit par les pavillons de nombreux exposants. Le coquet pavillon de la Presse et des Postes et Télégraphes, exécuté d'après les plans de

M. Vaudoyer, mérite une mention spéciale, ainsi que le théâtre des Folies-Parisiennes.

Le côté de l'avenue de Suffren présente plus de variété et de pittoresque ; depuis la section Egyptienne, reproduction très artistique d'une *rue du Caire*, jusqu'au beau palais de la section de la République argentine, s'élèvent de gracieux pavillons, presque tous affectés aux Républiques de l'Amérique du Sud, telles que le Guatemala, le Paraguay, Saint-Domingue, l'Uruguay, San Salvador, le Nicaragua, le Chili, la Bolivie, le Venezuela. Le Brésil y est également représenté ainsi que le Mexique. Les enfants trouvent des jeux appropriés à leur âge dans le palais des Enfants, œuvre très originale de l'architecte M. Ulmann.

Dans les galeries des palais, des restaurants de luxe ou à prix modérés, des glaciers, pâtissiers, brasseries, sont à la disposition des bourses les plus modestes ; des kiosques et des chalets offrent des rafraîchissements, des journaux, des fleurs, du tabac et tous les objets usuels que l'on trouve d'ordinaire dans nos promenades.

Des fauteuils roulants sont mis à la disposition du public ; enfin les promeneurs n'ont à craindre ni la pluie ni les ardeurs du soleil, grâce aux velums qui couvrent les allées de grande circulation.

Rien n'a été négligé pour attirer et retenir les visiteurs et leur laisser un ineffaçable souvenir de l'Exposition de 1889.

### HISTOIRE DE L'HABITATION

Des deux côtés du pont d'Iéna, sur le quai d'Orsay et sur le quai de Grenelle, M. Charles Garnier

La Fontaine monumentale de M. de Saint-Vidal
sous la tour Eiffel.

a tracé de main de maître une histoire de l'habitation humaine depuis les temps les plus reculés jusqu'à l'époque de la Renaissance, en passant par l'âge de pierre et l'âge de bronze, troglodites et lacustres, pour arriver aux constructions pélasgiques, égyptiennes, assyriennes, hébraïques et persanes. Les Germains et les Gaulois, les Grecs et les Romains, les Huns eux-mêmes, y marquent leur trace architecturale. D'autre part, un groupe de huttes sauvages d'Esquimaux, de Lapons, de Peaux-Rouges, étale sa barbarie à côté des constructions si soignées de la Chine et du Japon. Bientôt apparaît le Romain avec son arceau en plein-cintre et ses étroites fenêtres, le moyen âge avec son pignon orné, et enfin le joli coin Renaissance dont la tourelle élégante est comme l'emblème de notre rénovation artistique. Ce dernier groupe reste affecté à l'usage de M. le président de la République quand il se rend au Champ de Mars.

Exposants, collectionneurs, commissaires des sections étrangères ont été mis à contribution pour donner à l'intérieur de chaque habitation son caractère spécial. Aussi, cette partie de l'Exposition a-t-elle un caractère tout particulièrement original en même temps que très scientifique.

### TROCADÉRO

Le parc du Trocadéro est entièrement consacré à l'exposition d'Horticulture et, pour approprier les pelouses et les massifs à leur nouvelle destination, il a fallu modifier dans une certaine mesure les anciennes dispositions du parc. Grâce aux travaux qui ont été faits, les végétaux exposés en plein air ont trouvé une installation commode et complète. Les végétaux délicats sont renfermés dans vingt-six serres, ou abrités sous des tentes couvrant une surface d'environ 3.000 mètres.

Deux grands velums servant à l'exposition des fleurs sont en outre élevés sur les deux allées conduisant au palais du Trocadéro, et permettent de circuler à l'abri de la pluie et du soleil. Le pont d'Iéna, affecté uniquement aux besoins de l'Exposition, est également recouvert d'un velum.

L'exposition du service de Eaux et Forêts a, au Trocadéro, son pavillon spécial.

Le Trocadéro est réuni au pont d'Iéna par deux passerelles qui permettent ainsi l'accès du Champ de Mars sans sortir de l'Exposition.

## QUAI D'ORSAY

Le bas-port nouvellement construit, à frais communs, par l'Etat, la ville de Paris et l'administration, facilite l'accès à l'Exposition.

Les berges de la Seine, en amont, sont occupées par l'exposition Maritime et Fluviale, et plus haut encore, à la hauteur de l'avenue de La Bourdonnais, s'élève le Panorama de la Compagnie Transatlantique.

A cet endroit commencent les grandes galeries de l'Agriculture dont la construction a été dirigée par M. Pierron, ingénieur du contrôle des constructions métalliques. La surface couverte de ces galeries, qui se terminent à l'esplanade des Invalides, est de 27 500 mètres, et la dépense de construction est à peine de 20 francs par mètre superficiel. L'aspect de ces galeries est agréable, quoique d'une très grande simplicité. Chaque entrée est ornée de motifs décoratifs d'un très bon style.

Entre le pont d'Iéna et le pont de l'Alma, sur la berge de la Seine, se trouve placé le palais des Produits alimentaires, construit par M. Raulin pour le compte du groupe VII.

Il en est de même pour le groupe VIII (*Agriculture, Viticulture* et *Pisciculture*).

### ESPLANADE DES INVALIDES

L'esplanade des Invalides a été affectée principalement aux expositions spéciales des Colonies et de certains départements ministériels : la Guerre, l'Instruction publique, les Postes et Télégraphes. Autour de ces expositions, d'un caractère purement instructif, s'élèvent un certain nombre de pavillons destinés à des expositions particulières ou collectives.

En se plaçant en face du dôme de l'Hôtel des Invalides, et dans l'axe de l'esplanade, on rencontre à gauche : d'abord la station du chemin de fer spécial aux visiteurs de l'Exposition, dont le point terminus est à l'angle de l'avenue de Suffren et de l'avenue de la Motte-Piquet; puis le palais de l'Algérie et celui de la Tunisie, qui sont entourés d'annexes formant une véritable ville arabe avec ses minarets, ses koubas, ses terrasses et ses dômes. Placées les unes près des autres, les constructions algériennes et tunisiennes se distinguent à première vue. Ce ne sont ni les mêmes profils, ni les mêmes lignes, ni la même forme de minarets, ni les mêmes encorbellements.

On arrive ensuite à l'exposition des colonies, qui se compose d'un palais principal entouré de pavillons où l'Indo-Chine, l'Annam, Madagascar, la Guyane, la Guadeloupe, le Gabon, exposent leurs produits, où l'on voit s'élever des villages tahitien, sénégalais, alfourou, canaque, pahouin, cochinchinois, peuplés d'indigènes.

Le ministère de l'Instruction publique élève un peu plus loin une maison d'école modèle.

Enfin, le panorama de M. Castellani, le *Tout-Paris*.

De l'autre côté de l'allée centrale, en partant de l'Hôtel des Invalides, on trouve les emplacements réservés à l'exposition de la Société de secours aux blessés militaires, et à l'exposition de la classe 39 (campement).

L'exposition d'Économie sociale vient après ; elle comprend une série d'expositions diverses d'applications des lois de l'économie sociale dont les effets sont démontrés par des sociétés ou des collectivités. On y remarque : la galerie générale d'exposition, le cercle ouvrier, les sociétés coopératives et de participation, des maisons ouvrières, des sociétés minières, un dispensaire et un restaurant populaire.

L'exposition d'Hygiène, qui vient après, se compose d'un pavillon principal et d'annexes importantes, dont une des principales est le pavillon de l'Assistance publique.

Près de là, le ministère de la Guerre a édifié un palais de 150 mètres de longueur sur 22 mètres de large, précédé d'un château-fort du moyen âge entouré de douves, flanqué de tourelles, avec pont-levis, machicoulis et chemin de ronde. Le palais, de style classique, est couvert de beaux motifs de décoration.

Enfin, les Poudres et Salpêtres, les Postes et Télégraphes, ont leurs expositions spéciales dans des pavillons particuliers. Du côté du quai se trouvent un grand restaurant, une boulangerie hollandaise, un moulin anglais, une beurrerie suédoise et une laiterie anglaise.

L'esplanade des Invalides renferme donc de grands éléments d'études et d'attraction, et l'on peut la considérer comme la grande entrée de l'Exposition à cause de sa situation privilégiée plus rapprochée du centre de Paris.

### EXPOSITION PARTICULIÈRE DE LA VILLE DE PARIS

C'est dans le jardin central du palais des Expositions diverses que se trouvent placés les deux pavillons de la ville de Paris, dont la construction a été confiée à M. Bouvard. L'un de ces pavillons est affecté aux nombreux services de la direction des travaux de Paris ; l'autre est destiné aux services administratifs tels que l'Enseignement primaire, les Affaires municipales et départementales, l'Assistance publique, les Sapeurs-pompiers, etc.

## Sections étrangères

Les pays qui ont une section nationale à l'Exposition de 1889 peuvent être classés en deux catégories : d'une part, ceux qui sont représentés par des commissaires nommés par leur gouvernement :

En Europe : la Grèce, la Norvège, la Serbie, la Suisse, Saint-Marin et Monaco ;

Histoire de l'habitation humaine : le Pavillon russe.

En Asie : le Japon, la Perse et le royaume de Siam.

En Afrique : le Maroc et la République sud-africaine.

En Océanie : Victoria, la Nouvelle-Zélande et la Nouvelle-Galles du Sud.

En Amérique : les Etats-Unis, la République Argentine, la Bolivie, le Chili, la Colombie, l'Equateur, le Guatemala, Haïti, le Mexique, le Nicaragua, le Paraguay, Saint-Domingue, le Salvador, l'Uruguay, le Venezuela.

D'autre part, les pays dans lesquels l'initiative privée s'est substituée au gouvernement pour constituer des comités qui ont demandé de les reconnaître officiellement. Ces pays sont :

En Europe : l'Autriche-Hongrie la Belgique, la Grande-Bretagne, le Danemark, les Pays-Bas, la Russie, l'Italie, la Roumanie, l'Espagne, le Portugal et le grand-duché de Luxembourg.

En Afrique : l'Egypte.

En Amérique : le Brésil.

Parmi ces comités, plusieurs ont obtenu d'importantes subventions de leur gouvernement. Ainsi le Parlement belge a voté 600 000 francs pour faciliter la participation de l'industrie belge à l'Exposition de 1889 ; les Chambres espagnoles ont voté de même 500 000 fr. ; le comité roumain a reçu 200 000 fr. ; le comité danois 140 000 francs ; le comité brésilien 750 000 francs, et le gouvernement portugais a accordé 137 000 francs.

On voit donc que la participation des étrangers à l'Exposition de 1889 est aussi large que possible, et il est bon de constater que les surfaces totales mises à la disposition des différentes sections étrangères sont supérieures à celles qu'elles occupaient en 1878. On a réservé aux étrangers, dans l'enceinte même des palais, plus de 87 000 mètres carrés.

Les sections étrangères occuperont, dans le palais des Industries diverses, les deux ailes symétriques qui s'étendent le long des avenues de Suffren et de La Bourdonnais, et la galerie de quinze mètres, dite galerie des Pays du Soleil, qui borde le palais du côté de l'avenue de Suffren. Deux enclaves prolongeant les ailes des sections étrangères ont été prises dans la section française pour placer l'Autriche-Hongrie et la Russie.

*Autriche-Hongrie.* — L'Autriche-Hongrie occupe un emplacement de 2 291 mètres carrés dans le palais des Industries diverses, et un compartiment de plus de 300 mètres pour l'exposition de ses produits agricoles et alimentaires. Neuf travées lui sont affectées sur le vestibule de 15 mètres.

*Belgique.* — En Belgique, un grand mouvement s'est produit depuis plus d'une année en faveur de l'Exposition de 1889.

Aujourd'hui, les exposants belges occupent une surface de plus de 11 000 mètres carrés, et la façade de leur section, sur le vestibule de 15 mètres, offre un modèle très caractéristique de l'art flamand.

*Pays-Bas.* — Malgré l'absence de toute subvention, la commission de l'exposition des Pays-Bas a heureusement terminé ses travaux, et la section néerlandaise n'est inférieure, ni en intérêt, ni en importance, à celle de 1878. L'exposition des Indes néerlandaises, avec ses habitations javanaises, est l'un des principaux attraits de cette section.

5.

*Danemark.* — La section danoise, grâce à sa subvention de 140 000 francs, est particulièrement brillante.

*Grande-Bretagne.* — Près de 25 000 mètres ont été mis, dans les divers palais de l'Exposition, à la disposition du comité exécutif. Dans le palais des Industries diverses, la section anglaise est remarquable, et sa façade, sur la galerie de 10 mètres touchant au grand vestibule Rapp, forme un cadre ornemental d'une originalité intéressante.

Les colonies anglaises ont suivi l'exemple de la métropole : le Cap, Victoria, la Nouvelle-Zélande, l'île Maurice et les Indes anglaises ont trouvé place dans les pavillons spéciaux du Champ de Mars.

*Luxembourg.* — L'exposition du grand-duché de Luxembourg occupe 300 mètres carrés environ, et, comme le gouvernement prend à sa charge les frais qui incomberaient à ses nationaux, le succès de cette section semble tout à fait garanti.

*Norvège.* — L'exposition est officielle ; l'Assemblée nationale a voté une subvention de 140 000 fr. pour venir en aide aux exposants. La section norvégienne occupe 1 250 mètres carrés.

*Roumanie.* — Grâce à la puissante intervention du prince Georges Bibesco, un comité roumain s'est formé pour assurer la participation de la Roumanie à l'Exposition, et la Chambre roumaine a voté dans le même but une subvention de 200 000 fr. L'industrie roumaine se trouve ainsi très dignement représentée. Son exposition occupe 420 mèt. carrés dans les galeries des Industries diverses, et plus de 200 mètres dans les galeries du quai d'Orsay.

*Russie*. — L'exposition de la Russie, décidée assez tardivement par un comité de notabilités que le gouvernement autorisa depuis, nous a amené un grand nombre d'exposants venus non-seulement de Saint-Pétersbourg, mais de Varsovie, de Riga, de Moscou. En outre, dans le grand-duché de Finlande, les industriels syndiqués, avec l'autorisation du gouverneur général, ont groupé leurs produits dans un pavillon spécial expédié directement d'Helsingfors.

La Russie occupe, en tout, près de 3 000 mètres carrés dans les divers palais de l'Exposition. La section industrielle aboutit au vestibule de 15 mèt., où elle dispose de 9 travées. Sa façade reproduit, dans ses lignes générales, l'entrée du Kremlin, surmontée d'une grande décoration peinte montrant les coupoles de l'ancien palais des czars, et qui forme un ensemble très caractéristique.

*Serbie*. — L'exposition serbe occupe près de 300 mètres carrés.

*Suisse*. — La Chambre fédérale ayant voté un crédit de 425 000 fr., on a mis près de 6 000 mètres carrés à la disposition de la section suisse, dont la façade, sur le vestibule de 15 mètres, a un caractère très original.

*Italie*. — La section italienne compte plus de 2 000 exposants, occupant près de 3 500 mètres carrés, sans parler des espaces importants de la galerie des Machines.

*Espagne*. — L'exposition espagnole occupe, en

dehors de la galerie des Machines, près de 4 000 m. carrés. Le Congrès lui a voté un crédit de 500 000 fr.

*Portugal.*— Le gouvernement portugais a alloué, pour venir en aide aux exposants du royaume, une somme de 137 000 francs.

L'espace réservé à cette section, dans les seules galeries des Industries diverses et sur le quai d'Orsay, dépasse 2 000 mètres carrés.

*Grèce.* — L'espace mis à sa disposition est de 560 mètres.

*Monaco.* — La principauté a fait construire au Champ de Mars un pavillon spécial flanqué de quatre tourelles carrées. Une serre y est adossée.

*Saint-Marin.* — La République de Saint-Marin occupe, dans les galeries des Industries diverses, une superficie de 230 mètres.

*Andorre.* — Le gouvernement d'Andorre figure aussi brillamment à l'Exposition.

*Etats-Unis.* — La Chambre des représentants et le Sénat ont voté un crédit de 225 000 dollars. L'ensemble des Etats-Unis n'occupe pas moins de 8 000 mètres carrés. On admire surtout, dans la galerie des Machines, la grande exposition d'électricité organisée par le célèbre inventeur Edison.

*Mexique.* — Le Mexique participe officiellement à l'Exposition, et le gouvernement a alloué un crédit de 2 500 000 fr.

Un palais spécial de style aztèque, situé dans les jardins, entre la tour Eiffel et l'avenue de Suffren, contient tous les produits mexicains.

Pavillon indien (Champ de Mars).

M. le ministre des Finances a autorisé la dégustation des tabacs mexicains, à laquelle cette exposition doit la plus grande partie de son succès.

*Guatemala, Nicaragua*. — Les gouvernements de Guatemala, du Nicaragua, de la République du Salvador, de Saint-Domingue, de Haïti, ont des pavillons spéciaux sur la terrasse du palais des Arts libéraux.

*République Argentine*. — Le congrès a voté 3 200 000 francs. Cette section dispose d'un espace de 1 600 mètres carrés sur lequel elle a fait édifier un palais de bon goût.

*Bolivie et Colombie*. — Les gouvernements de la Bolivie et de la Colombie ont fait bâtir à frais communs, près de la tour Eiffel, un bâtiment d'une surface de 800 mètres carrés.

*Brésil*. — La section brésilienne, grâce au crédit considérable dont elle dispose, a fait entourer son palais de beaux jardins où elle expose les spécimens des plantes du Brésil.

*Chili*. — Son pavillon a 50 mètres carrés : on y admire une collection de minerais, la plus riche et la plus complète qui ait été réunie jusqu'à ce jour.

*Equateur, Paraguay, Pérou, Uruguay, Venezuela*. — Tous ces pays ont officiellement obtenu des emplacements spéciaux pour la construction de leurs bâtiments d'exposition.

Le Venezuela, en particulier, occupe un emplacement de 600 mètres carrés dans les jardins avoisinant la tour Eiffel.

*Egypte.* — On doit au comité égyptien la création d'un quartier égyptien, où l'on remarque la « rue du Caire », et qui constitue certainement l'une des attractions les plus pittoresques de l'Exposition.

*Maroc.* — Un pavillon impérial, destiné au sultan, s'élève au centre de la section marocaine ; il ne coûte pas moins de 100 000 fr., et contient de riches collections.

*Chine.* — L'exposition chinoise tient un espace de 300 mètres carrés.

*Japon.* — Le nombre des exposants de la section japonaise dépasse celui de 1878 : elle couvre une surface de 1 650 mètres, sans compter 1 100 mètres dans les galeries d'agriculture.

*Perse.* — Cette nation a pris place dans les galeries des pays d'Orient ; en outre, la maison persane, qui figure dans l'« Histoire de l'habitation », servira de pavillon à S. M. le schah de Perse pendant son séjour à Paris.

*Siam.* — L'exposition siamoise doit son éclat particulier aux riches collections envoyées par le roi, qui sont exposées dans un pavillon spécial construit dans le pays même et qui occupera 250 mètres carrés de superficie.

*République sud-africaine.* — Cette république participe officiellement à l'Exposition. L'Assemblée nationale a voté 75 000 fr. pour subvenir aux dépenses. Son pavillon spécial figure sur l'esplanade des Invalides.

On voit, par le résumé qui précède, que les étrangers sont représentés chez nous d'une façon exceptionnellement brillante.

Plusieurs se sont adressés, pour la construction de leurs pavillons ou de leurs palais, aux architectes français les plus distingués, et pour la décoration, à nos meilleurs artistes. Ces constructions sont de trois types : ou bien elles sont la reproduction de monuments nationaux existants (pavillons mexicains), ou bien elles sont inspirées par des monuments de la renaissance espagnole (palais de Venezuela), ou bien elles sont dues à la seule fantaisie de l'architecte.

Toutes ont un cachet d'originalité qui attire le public dans la partie des jardins du Champ de Mars où elles se trouvent réunies.

### Chemin de fer-tramway dans l'Exposition

Pour réunir les parties de l'Exposition situées sur l'esplanade des Invalides et sur le quai d'Orsay à la tour Eiffel et aux palais du Champ de Mars, on a concédé à une société l'établissement d'un chemin de fer Decauville à voie étroite pour le transport sans fatigue des visiteurs. Le point de départ est à la porte principale de l'esplanade des Invalides, et le point terminus à l'extrémité du palais des Machines, à l'angle de l'avenue de la Motte-Piquet et de l'avenue de Suffren, avec stations intermédiaires principales au palais des Produits alimentaires, à la tour Eiffel, à la porte Desaix; le trajet est de 3 kil. 500 m. et le prix par place sera de 25 centimes.

Les départs des trains ont lieu toutes les 10 minutes, de chacune des stations terminus, depuis 9 heures du matin jusqu'à minuit; soit, par conséquent, 6 trains par heure ou 54 trains par jour dans chaque sens.

Quoique sur presque toute sa longueur la voie soit complètement défendue contre la circulation du public, on a jugé prudent d'imposer un faible maximum de vitesse, qui est de 10 kilomètres à l'heure. Cette vitesse est même réduite à 4 kilomètres en certains points du parcours, et en particulier aux passages à niveau où chaque train est en outre précédé d'un pilote.

La longueur des trains n'excède pas 50 mètres et chacun d'eux est muni d'un frein à arrêt instantané.

Si le chemin de fer-tramway est un moyen de transport commode pour circuler à l'intérieur de l'Exposition, il présente un autre avantage : la station de départ étant située à 250 mètres à peine du pont de la Concorde, il est facile, au lieu de gagner le Trocadéro ou la Porte Rapp, d'aller simplement monter en wagon à quelques pas du palais Bourbon et de pouvoir se rendre ainsi jusqu'à la galerie des Machines, au fond du Champ de Mars.

Indépendamment du chemin de fer-tramway, on met aussi à la disposition des visiteurs :

Des fauteuils roulants,

Et les fringants petits baudets égyptiens, qu'on trouve dans la *rue du Caire*, en longeant les grands palais, à partir du coin de l'avenue de la Motte-Piquet et de l'avenue de Suffren.

## Où l'on mange et où l'on boit

*Au Trocadéro*, en allant vers la salle des Fêtes : à gauche, Brasserie ; à droite, Restaurant.

*Au Champ de Mars :* Bouillon Duval à l'angle de l'avenue de Suffren et du quai d'Orsay.

Restaurant et Brasserie, dans le palais des Arts libéraux.

Restaurant de la Presse, près de l'entrée de l'*Officiel*.

Restaurant, dans les jardins, près des Folies-Parisiennes.

Restaurant Romain, le long des grands palais, du côté de l'avenue de Suffren, près du pavillon Chinois.

Restaurants, à chaque angle du palais des Machines, côté de l'avenue de la Motte-Piquet.

Restaurant intérieur, dans le vestibule, entre le palais des Machines et les Expositions diverses, du côté de l'avenue de La Bourdonnais.

*A l'Esplanade :*
Restaurant populaire (Curiosité), à gauche en entrant par la place des Invalides, section de l'économie sociale.

Restaurant Créole, à droite, entre la Cochinchine et le palais central.

Restaurant, au fond, à gauche, près du quai et du pavillon des Postes.

*Sur la Tour Eiffel*, on peut aussi boire et manger, entre ciel et terre.....

Comme toute médaille a son revers, en cas d'indisposition, l'administration a fait placer, de distance en distance, d'utiles water-closets.

Maintenant que nous possédons tous nos rensei-

Histoire de l'habitation humaine : Époque du renne.

gnements, et que nous savons par avance l'ensemble des curiosités que nous avons à admirer, faisons-nous un *Itinéraire*, et, pour le parcourir en détail, commençons par aller :

## Des Invalides au quai

### L'ESPLANADE

L'esplanade nous offre le tableau pittoresque de nos Colonies et pays de Protectorat.

Cette partie de l'Exposition est une des plus curieuses, des plus courues des promeneurs.

En entrant par l'un des deux guichets qui s'ouvrent sur la place, si nous sommes amateurs d'agriculture, nous n'avons qu'à suivre les quinconces sur le bord de la rue Fabert; là, sur la même ligne, se succèdent les produits de la classe 39; puis, entre les hangars de la Guerre, la tente de la Boulangerie; et tout au bout, l'annexe de la classe 63.

### DANS L'AVENUE CENTRALE, A GAUCHE

Le groupe de l'*Économie sociale*, composé de :
Tentes, Trains sanitaires, Voitures d'ambulance, et tout ce qui intéresse les secours aux blessés;

Maisons ouvrières, Sociétés coopératives et de participation;

C. C. Board; la Vieille-Montagne; Cercle ouvrier;

Restaurant populaire avec ses portions à 10 centimes;

Pavillon de l'*Urbaine*, et galerie d'exposition;

Le groupe de l'*Exposition de l'Hygiène* comprenant : les Eaux minérales; l'Hygiène de l'habitation; l'Assistance publique; le pavillon Genest et Herscher.

L'*Exposition militaire* est un immense édifice de 150 mètres de long, sur 22 mètres de profondeur. Un château-fort du moyen âge, entouré de ses douves, flanqué de tourelles, avec pont-levis, machicoulis et chemin de ronde, sert de préface à cette superbe exposition, qui se divise en deux parties :

La première est formée par la classe 66, dont les exposants payent l'espace occupé tout comme au Champ de Mars. Cette classe comprend tous les *engins modernes* qu'emploie l'art militaire et que fourniront les grandes sociétés de constructions métaliques : Cail, le Creusot, les Forges et Chantiers, etc. L'Etat expose dans cette classe les spécimens de fabrication de ses manufactures, pour la guerre et la marine.

La seconde partie est l'exposé historique et pittoresque des Sciences militaires.

Dans deux grandes salles, l'exposition offre au public « la synthèse de l'armée française » : portraits, armes, épées, bâtons de commandement, signes honorifiques de capitaines illustres. Le chapeau de Davoust percé d'un biscaïen à côté de l'étendard de Jeanne Hachette et du boulet qui tua Turenne. Au milieu des deux salles deux chevaux de bataille entièrement caparaçonnés : les seuls que possède la France.

L'artillerie, le génie, l'infanterie, la cavalerie et les services administratifs et de santé sont logés dans des salles voisines.

Comme on ne peut amener des canons nature dans une salle d'exposition, l'artillerie est représentée par d'admirables modèles réduits de toutes les machines de guerre employées jusqu'à nos jours, avec charrois et projectiles. Ces modèles sont rangés sur des tables de $1^m10$ de hauteur, au-dessus desquelles on voit des peintures et des gravures représentant les uniformes des régiments, les hauts faits de l'artillerie française et les portraits de ses généraux célèbres.

Le génie reconstitue l'histoire d'un siège à toutes les époques, et expose en petits modèles, tout ce qui se rapporte à l'établissement de ponts de bateaux.

La cavalerie nous montre les transformations successives de ses armes blanches et de ses armes à feu, etc.

Enfin une intéressante galerie nous offre, en une scène palpitante, le tableau de tous les uniformes de nos armées, représentés par des groupes de figures peintes aux tons naturels de la chair, et donnant l'illusion complète de la réalité.

Le hangar de l'Aérostation avec ses expériences de ballons dirigeables, le Train sanitaire Decauville et la Musique complètent ce groupe superbe.

Pour terminer le côté gauche, il nous reste à visiter :

1° Le pavillon des *Postes et Télégraphes*, construction légère, formée d'une nef centrale et de deux bas-côtés, où sont exposés des modèles de tous les appareils télégraphiques employés aujourd'hui, des cabines téléphoniques, des oblitérateurs à mécanique, des voitures de transport, un wagon-poste, des clichés servant à la fabrication de timbres-poste.

Le public est particulièrement intéressé par le fonctionnement de ces appareils que des employés de l'administration mettent en œuvre devant lui.

Enfin, il y a aussi toute une série de graphiques indiquant les progrès des services postaux et télégraphiques depuis 1862.

2° Le palais de l'*Alimentation*, construction carrée flanquée de quatre tourelles surmontées d'un pavillon. C'est un vaste caravansérail où sont installés des cafés, des brasseries, des buvettes, des bars, etc.

Dans ce même quartier, mais du côté du quai, se trouvent une Boulangerie hollandaise, un Moulin anglais, une Beurrerie suédoise, etc.

Revenons sur nos pas, et reprenons

### L'AVENUE CENTRALE PAR LA DROITE

Près du guichet, le panorama Tout-Paris, où tout Paris et même les étrangers viennent voir défiler les individualités les plus typiques du monde des boulevards.

A côté, l'Ecole modèle; derrière, les produits de la classe 63.

Le Village de l'archipel Indien, se développant jusque dans les quinconces, du côté de la rue Constantine.

La superbe Pagode d'Angkor; derrière elle, la section de la Guyane.

La Cochinchine, avec ses pagodes, son théâtre annamite, son village, ses belles collections de faïences, de porcelaines, et ses intelligents, mais curieux indigènes.

Derrière le restaurant créole, la Factorerie du Gabon, le pavillon de la Guadeloupe et de la Martinique.

L'immense *palais central des Colonies*, derrière lequel s'étalent, sous les vertes allées de l'esplanade, les villages néo-calédoniens, le bazar agricole.

L'Annam et le Tonkin avec leur serre, leur restaurant et leurs produits variés : dieux, magots, jonques, pagodes, etc.

La Pagode de Villenour, le pavillon Indou, la tour de Saldé, les produits de Madagascar et le Village sénégalais.

La Tunisie nous montre son palais et son riche bazar.

Enfin, à côté, la splendide exposition de notre colonie algérienne.

En résumé, à part le grand monument du ministère de la Guerre, il n'y a pas à l'esplanade de ces palais qui absorbent des millions de kilogrammes de fer ; mais ces petits palais pittoresques, ces villages entiers aux habitations canaques, malgaches, sénégalaises, cochinchinoises, etc., peuplées d'indigènes authentiques couleur réglisse, cannelle ou chocolat ; ces koubbas, ces mosquées, ces pagodes, ces cabanes, ces cases, ces kiosques, ce Bardo, ces souks tunisiens, ces cafés et restaurants, ces boutiques où, sous vos yeux, travaillent les équipes variées des orfèvres, armuriers, damasquineurs exotiques, tous ces Français d'outre-mer et leurs richesses coloniales nous émeuvent, et nous sentons que l'Orient est une valvule du cœur de la patrie.

Les amateurs de documents géographiques, de statistiques sur nos possessions ou pays protégés, feront bien de consulter les précieuses collections réunies au palais de la Tunisie. Ce bâtiment est devant les pièces d'eau, où flottent les embarcations manœuvrées par des canotiers de l'Asie, de l'Afrique et de l'Océanie.

On comprend sans peine l'attraction spéciale qui amène la foule à l'esplanade.

*Sur le quai*, l'exposition de la République Sud-Africaine.

*Sur le bas port*, la Balnéothérapie et la classe 63.

Histoire de l'habitation humaine : Village lacustre.

Ici faisons halte un instant. Nous pouvons à notre gré filer par le chemin de fer Decauville (dont ces deux colonnes originales nous indiquent la gare de départ) jusqu'à la gare d'arrêt, à l'angle de l'avenue de Suffren, pour jouir, en passant, du coup d'œil d'ensemble du Trocadéro et du Champ de Mars, ou bien suivons.

## Le quai d'Orsay

Sous ces vastes galeries, qui ne couvrent pas moins de 27 500 mètres, s'alignent, à droite et à gauche, les admirables expositions d'Agriculture et d'Horticulture. Toutes les industries vinicoles et culinaires y étalent leurs trésors chers aux gourmets. Saluons ces reines des tonnes, aux gigantesques flancs, qui recèlent jusqu'à 200 000 litres de liquide généreux.

Saluons cet arbre monstrueux, ce colosse des forêts austro-hongroises, qui ne mesure pas moins de 6 mètres de circonférence à sa base, et qui, sur une longueur de 8 mètres, pèse 14 000 kilogrammes.

Franchissons ces élégantes passerelles suspendues qui relient les galeries entre elles en laissant par dessous le passage libre des ponts des Invalides et de l'Alma. A mi-chemin, sur la Seine, admirons le superbe palais des Produits alimentaires, et tout le long, jusqu'à l'avenue de la Bourdonnais, ces caves panoramiques, ces pavillons de dégustation qui nous invitent à nous délecter, avant d'atteindre

## Le Trocadéro

Mais avant de franchir le pont d'Iéna, qui nous tend son velum pour nous garantir du soleil, jetons un coup d'œil à gauche, et sans nous laisser éblouir par les splendeurs qui environnent la tour Eiffel, et les féeriques palais dont nous apercevons les dômes et les campaniles, achevons de suivre le quai jusqu'à la station du Champ de Mars.

En Seine, derrière le Panorama transatlantique (que nous reverrons tout à l'heure), voici la canonnière Farcy; voilà l'intéressante exposition de Navigation et de Sauvetage; celle des Machines élévatoires et de la Société centrale d'électricité.

Prenons un bouillon chez Duval, et allons traverser le pont qui nous conduit à ce parc enchanté qui étage, de l'autre côté de la Seine, ses pelouses en pente, ses arbres, ses statues, sa cascade brillante, qui semble jaillir de la colonnade de son palais.

Cette curiosité parisienne, avec l'énumération des trésors artistiques scientifiques et littéraires que renferment ses musées, la splendeur de sa salle des fêtes, se trouve décrite plus loin, au chapitre *les Palais de Paris*; nous nous contenterons ici de mentionner, à droite, près de l'Aquarium, l'exposition du ministère des Travaux publics, et, à gauche, le pavillon des Forêts, étudié et édifié sous la direction de M. de Gayffier, conservateur des forêts, et par M. Lucien Leblanc, architecte.

Dans la construction de ce pavillon, tantôt l'arbre a servi comme colonnes décoratives, consoles, etc.; tantôt il a été équarri, et les écorces aux tons différents, aux couleurs brillantes, ont servi à la décoration des plafonds, des corniches, des panneaux de revêtement. Le but a été de chercher à faire, par la décoration, même à l'extérieur, une exposition forestière colorée comme tons et toute nouvelle comme idée.

Le pavillon proprement dit, avec ses galeries, bassin, escaliers conduisant aux galeries du premier étage, occupe une surface d'environ mille mètres, les annexes (vues dioramiques, galeries, etc., qui ne s'élèvent qu'à rez-de-chaussée) une surface d'environ 600 mètres.

Le pavillon est entièrement construit sur pilotis. L'exposition intérieure est des plus remarquables.

Les nombreuses serres d'horticulture, au jardin du Trocadéro, abritent sous leur vitrage les plantes rares de tous les mondes et aussi les extravagances florales produites par la science des hommes. Il y a dans cette merveilleuse ville des fleurs un beau restaurant et une grande brasserie. Comme les fleurs, les visiteurs « demandent » à être arrosés.

Le palais du Trocadéro, lui-même, restera en dehors de l'œuvre de l'Exposition, sauf la grande salle où s'exécutent les quatre grands concerts subventionnés, avec le concours des orchestres du Conservatoire, de l'Opéra-Comique, de M. Lamoureux et de M. Colonne.

## Au Champ de Mars

Par le quai, retournons à gauche, pour visiter d'abord le Panorama transatlantique, sur le bord de la Seine, au débouché des galeries d'agriculture du quai d'Orsay.

« Passant, dit M. Grandin, par l'escalier et les couloirs obscurs d'un véritable steamer, le spectateur visite successivement les deux étages principaux d'un transatlantique. Ce sont le grand salon-salle à manger des passagers de première classe avec son raffinement de luxe et de confort, la chaufferie, un fumoir, etc. Ces différentes scènes de la vie à bord sont autant de dioramas dus au talent de MM. Poilpot, Hoffbauer, Montenard et Motte.

« Ces dioramas sont au nombre de onze, et ceux

Histoire de l'habitation humaine : Maison étrusque.

qui représentent l'entrée des principaux ports de la Compagnie, l'arrivée d'un steamer à New-York, les immenses chantiers et ateliers de construction de la Compagnie générale transatlantique, ne sont pas les moins intéressants.

« Gravissant un dernier escalier, le passager de quelques heures arrive sur le pont du navire ; il est

6.

sur une véritable passerelle. Quel spectacle ! un mât réel avec tous les cordages, des canots de sauvetage, tout, en un mot, dans la partie centrale de l'immeuble, est l'imitation exacte de la *Touraine*, actuellement en construction. L'avant et l'arrière du paquebot, par un travail artistique fort remarquable, se raccordent de telle façon aux parties vraies du navire, que l'œil le plus exercé ne peut savoir où commence et où finit la réalité.

« Tout a été exécuté en grandeur naturelle, et les différents instruments nécessaires au commandement et à la manœuvre sont véritables et à leurs places respectives.

« Dans le lointain, le port du Havre, les falaises de la Hève, Sainte-Adresse, l'estuaire de la Seine ; plus loin, Trouville, Honfleur ! »

Les soixante-dix paquebots, qui composent la flotte transatlantique, naviguent autour de la *Touraine*. Une frégate russe, un aviso français, des yachts et des embarcations diverses ajoutent au pittoresque du coup d'œil.

Enchantés de ce voyage au long cours, sans mal de mer, reprenons le plancher des vaches, pour suivre avec curiosité

## L'Histoire de l'habitation humaine

C'est M. Charles Garnier, l'architecte de l'Opéra, qui a eu l'idée d'égrener entre la tour Eiffel et la Seine, depuis l'avenue de Suffren jusqu'à l'avenue de la Bourdonnais, une série de petites constructions élégantes et gracieuses qui représentent, avec une merveilleuse exactitude, tous les types des habitations humaines, depuis les abris sous roche, les

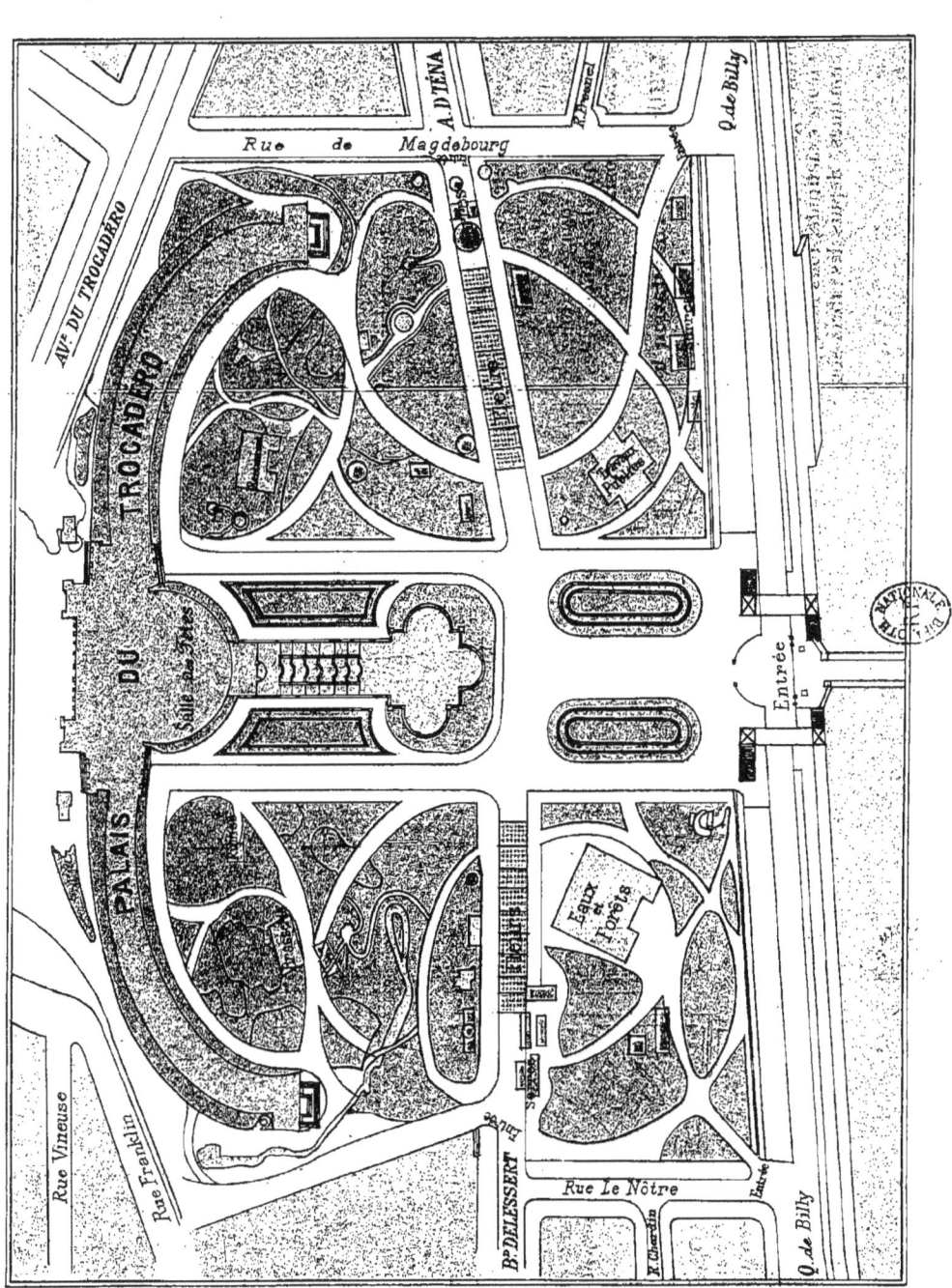

cavernes des troglodytes, jusqu'aux maisons et hôtels de nos jours, dans tous les pays.

Pour compléter cette reconstruction, il fallait que chaque habitation humaine fût entourée d'un jardin formé de plantes originaires du pays dont la construction rappelle l'architecture. C'est ce qu'a fait avec bonheur M. Laforcade, jardinier en chef de la ville de Paris.

Ainsi, les grottes des troglodytes ne sont entourées que de ronces, d'aloès qui jaillissent des fentes des rochers. Les cèdres du Liban et les arbres de Judée abritent les constructions assyriennes, phéniciennes ou israélites. Les Etrusques ou les Pélasges sont au milieu d'une plaine garnie de tamaris et de vergilliers.

Le chêne des Gaules, avec son gui sacré, et les essences d'arbres de nos forêts couvrent la demeure de nos pères. Les lauriers d'Apollon font une ceinture à l'habitation grecque. Les myrtes, les grenadiers, les orangers, les mimosas sont le cadre de la maison romaine.

Sur le pavillon de la Renaissance grimpent les roses, les capucines, les clématites et les chèvrefeuilles.

Le petit jardin chinois est planté de chamœrops, de bambous, de thé, d'azalées ; le japonais d'aucubas, de fusains, de cydonias ; enfin, les palais des Incas et des Aztèques sont entourés de leurs soleils, de leurs héliotropes, de l'aloès et du superbe datura.

D'autre part, M. Garnier a voulu que chacun de ces petits pavillons fût garni de meubles et d'ustensiles de l'époque ; de plus, il a décidé que chacun d'eux serait habité.

Bien entendu, pour les abris sous roche, les cabanes de l'époque du renne, de la pierre polie, du bronze et du fer, et pour les habitations lacustres, il a fallu renoncer à cette prétention, car, les meubles faisaient quelque peu défaut à l'époque et le costume de l'homme était alors trop sommaire pour une exposition, même archéologique. Mais dans toutes les autres habitations, les désirs de M. Garnier sont réalisés. Quelques-unes même sont de véritables attractions.

Ainsi, par exemple, peu de promeneurs résistent au plaisir de prendre quelque nourriture dans la maison étrusque qui représente une hôtellerie antique avec lits, tables, tabourets, amphores et vaisselle du temps. Ils peuvent ensuite se diriger vers la maison persane, copiée sur les plus anciennes de ce pays, et s'y rafraîchir en écoutant des musiciens et des chanteurs authentiques. Dans la maison romaine, des ouvriers, en costume, soufflent du verre d'après des modèles anciens.

La maison scandinave, habitée par des pêcheurs norvégiens, renferme un bateau comme ceux que les Northmans amenèrent sous les murs de Paris pour en faire le siège.

Dans le pavillon slave, se voit une distillerie d'essence de rose de la vallée de Kesanlick.

De vrais Bulgares habitent leur pavillon et des paysans russes fabriquent, sous les yeux du public, leurs vases et leurs ustensiles en bois. Dans toutes les constructions, les collections les plus curieuses seront groupées.

La maison du moyen âge a été réservée pour servir de salon d'honneur au Président de la République.

Halte!... voici la *huitième merveille du monde,*

## La tour Eiffel

Avant d'en faire l'ascension, saluons, sous l'immense arcade, la superbe Fontaine allégorique, œuvre de Saint-Vidal, et donnons un coup d'œil aux élégantes boutiques qui ouvrent, à ses quatre pieds, leurs vitrines tentantes.

Nous ne pouvons mieux apprécier la tour de 300 mètres qu'en citant les propres paroles de son auteur :

« Ce qui a fait, dit Eiffel, mon œuvre populaire, c'est que la foule a bien senti que mon but était de montrer au monde que, malgré des malheurs immérités, la France est encore capable de réussir là où ont échoué des nations puissantes par l'audace et la science.

« J'ai voulu élever, à la gloire de la science moderne et pour l'honneur de l'industrie française, un arc de triomphe qui fût aussi saisissant que ceux qui furent élevés aux conquérants par les nations qui nous ont précédés... »

Si l'on compare la hauteur de la tour Eiffel à celle des monuments les plus élevés du monde, on constate avec orgueil que les principaux ont :

|  | mètres |
|---|---|
| Les tours Notre-Dame de Paris | 66 |
| Le Panthéon | 79 |
| Le dôme des Invalides | 105 |
| Saint-Pierre de Rome | 132 |
| Cathédrale de Vienne (Autriche) | 138 |
| Cathédrale de Strasbourg | 142 |

|  | mètres |
|---|---|
| Grande Pyramide d'Egypte. . . . . | 146 |
| Cathédrale de Rouen. . . . . . . | 150 |
| Cathédrale de Cologne. . . . . . | 159 |
| Obélisque de Washington. . . . . | 169 |

Au premier étage (on y monte indifféremment par les quatre pieds de la tour), se trouvent quatre restaurants amplement pourvus de cuisines et de caves, logées dans le treillage de la charpente de fer, à 55 mètres au-dessus du niveau du Champ de Mars.

Il y a, dans les angles, douze boutiques dont sept réservées à l'administration. Les cinq autres sont affectées à la vente du tabac, du *Guide officiel*, etc.

L'étendue de cette plate-forme est surprenante. Si l'on se promène autour, on fait un demi-kilomètre avant d'être revenu à son point de départ. Quel amas de fer! On commence à s'en rendre compte.

Le deuxième étage est occupé par la gare de départ de l'ascenseur Edoux, qui élève les visiteurs jusqu'au sommet.

Autour, quatre locaux. Les grands ont environ 50 mètres carrés. L'un, occupé par l'imprimerie du *Figaro*, fonctionne sur la tour même à 130 mètres au-dessus du niveau de la Seine.

En face, la boulangerie Viennoise. On y peut boire toutes sortes de boissons, consommer des gâteaux, des petits pâtés, des fours, des glaces, des gaufres. Ce sera le lieu du lunch.

Aux quatre coins, près des arbalétriers, des abris semblables aux roufles des navires, renferment de petites boutiques élégantes.

La troisième plate-forme est à 207 mètres.

La quatrième plate-forme est à 273 mètres.

On y arrive après trois quarts d'heure d'ascension.

Au-dessus s'élève une coupole ronde partagée

Histoire de l'habitation humaine : Sauvages de l'Afrique centrale.

en quatre chambres qui seront livrées aux savants pour des observations de météorologie, d'astronomie, de physique. Au-dessus de la coupole, un phare électrique qui, d'en bas, fait l'effet d'un gros bouton ; ce bouton a cependant encore huit mètres de haut. Au-dessus du phare, une toute petite terrasse située exactement à 300 mètres du sol.

Ceux que les ascenseurs effrayent ou impressionnent ont à leur disposition deux escaliers confortables pour le service de la première plate-forme. Ils en ont quatre à leur disposition entre la première et la seconde plate-forme, deux pour l'ascension et deux pour la descente.

D'après le cahier des charges de l'entreprise de la tour, le concessionnaire s'est obligé statutairement à élever 2 356 personnes par heure à la première plate-forme et 750 par heure au sommet.

Le tarif des ascensions est fixé à 2 fr. pour le premier étage, à 3 fr. pour le deuxième et à 5 fr. pour le sommet.

Les prix sont abaissés pour le dimanche (de 11 h. du matin à 6 h. du soir) : 1 fr. jusqu'à la première plate-forme, 1 fr. 50 jusqu'à la seconde, 2 fr. jusqu'au sommet.

Afin de faciliter le contrôle, l'administration a ouvert 16 guichets : 10 au rez-de-chaussée, 4 à la première plate-forme et 2 à la deuxième ; on y délivre des tickets : rouges pour la première plate-forme, blancs pour la seconde et bleus pour le sommet.

Pour les visiteurs qui le désirent, il est possible de monter jusqu'à la première plate-forme au moyen des escaliers. Mais à partir de là, l'ascenseur est obligatoire pour ceux qui veulent accéder jusqu'au sommet. Que l'ascension, d'ailleurs, se fasse par ce dernier mode ou par les escaliers, c'est le même prix.

Ajoutons qu'environ dix mille visiteurs peuvent se trouver simultanément dans la tour, tant sur les différentes plates-formes que dans les escaliers et les ascenseurs, sans qu'il y ait trop d'encombrement.

En descendant de la tour nous avons en face de nous et de chaque côté :

## Les Jardins de l'Exposition

Quand, placé près de la fontaine monumentale, tournant le dos au Trocadéro, l'on regarde devant soi, c'est un spectacle imprévu et fort original que l'Exposition contemplée à travers les jambes de la tour. Il ravirait les artistes japonais, qui mettent tant de caprice dans le choix de leurs points de vue.

Au fond d'une avenue, où, au milieu de pelouses fleuries et de plantations exotiques, jaillissent des bassins, cascades et jets d'eau, se dresse la splendide façade du pavillon central, avec son dôme qui sert de piédestal géant à la « France distribuant des palmes ».

De chaque côté, les pavillons de la Ville de Paris sont plantés entre les deux ailes avancées des sections étrangères, auxquelles font suite les Beaux-arts et les Arts libéraux. Plus près, à notre gauche, parmi les allées sablées que bordent gazons et plates-bandes, toute une cité féerique nous attire. Ces pavillons, ces kiosques, ce sont : les Manufactures de l'Etat, le pavillon Eiffel, l'exposition du Gaz, du Téléphone, les chalets Norvégien et Suédois, le pavillon Hollandais, le Tabac turc, près du *Bulletin officiel ;* puis, rangées en cercle, les expositions Brault, Humfrey, Kaeffer, Toché, Pecusson ; et à côté du restaurant, la Taillerie de diamants et le théâtre des Folies-Parisiennes.

Parlons d'abord de

### La Taillerie des diamants

Elle consiste en deux pavillons, dont l'un est une charmante maison hollandaise du seizième siècle, très pure de style, avec une jolie façade en briques, des balcons ajourés, des fenêtres entourées de véritables faïences de Delft. Dans l'intérieur, auquel on a également donné un caractère ancien, sont installés les ateliers ; à côté des procédés modernes, les meules anciennes employées au quinzième siècle ; au centre, les vitrines qui renferment pour plus d'un million de diamants exposés par les frères Boas, d'Amsterdam.

L'autre est une construction qui couvre une surface de 400 mètres ; on y assiste à toute la série des opérations par lesquelles passe le diamant, depuis l'extraction de la mine jusqu'à sa livraison au joaillier : lavage de la matière qui contient les pierres précieuses, etc.

*N. B.* — Les abondants petits grenats, qui se trouvent dans les terres lavées, seront distribués gratuitement au public.

Quant aux

### Folies-Parisiennes

ce casino pittoresque, édifié sur les plans de M. Létorey, à l'extrémité de la rue de l'Université, non loin de la tour Eiffel, est entouré d'un petit parc coquettement aménagé, enclavé dans le grand. Musique d'orchestre et de chant, opérettes, ballets, pantomimes, acrobaties, etc., tout charme l'œil et l'oreille.

Sa construction originale ressemble à une vaste tente en étoffes d'Orient, avec ses tapis et ses velums, véritable caravansérail attendant le Rajah en voyage.

Son théâtre, construit uniquement en fer, est tout à fait *incombustible*.

Administrateur, M. Scipion ; chefs d'orchestre, MM. Fock et Fremaux, avec 50 musiciens ; M$^{me}$ Mariquita, maîtresse de ballet avec 40 danseuses ; Job, l'original dessinateur, suivi de Landolff, pour les costumes.

Revenons sous la tour, et regardons :

*A notre droite*, même merveille, même verdure que de l'autre côté ; mais l'aspect change : voici les constructions Américaines, nous complétant l'Histoire de l'habitation humaine.

Après Suez-Panama, la République Argentine, le Brésil, le Mexique, Venezuela, Bolivie et Chili nous ont construit les originaux spécimens de leur architecture. Cette série exotique se continue tout le long de l'avenue de Suffren ; nous y reviendrons ci-après.

Les expositions Fourcade, Simard, Villard et Cottard, de la Douane et Manutention, font aussi partie de cette curieuse villa, dont le clou est assurément le

### Grand théâtre ou palais des Enfants

Cette grande salle contient 800 spectateurs assis,

sans compter les promenoirs ; la scène, très vaste, fait défiler, de 2 heures à minuit, mille excentricités nouvelles ; les genres les plus divers s'y entremêlent rapidement, car le visiteur est en général pressé ; en un quart d'heure, tout en dégustant une glace ou un bock, on applaudit deux ou trois numéros intéressants, et l'on continue ses visites, pour revenir quelques heures après.

Ce palais renferme de plus mille divertissements inédits, sans compter, dans une de ses annexes, ces « marionnettes anglaises de Barnard », qui font l'amusement des jeunes et même des grands.

Contigu au Palais des Enfants se trouve le

### Pavillon de la Mer

Ce cirque immense, où les machines et les bateaux permettent de naviguer en donnant l'illusion d'un véritable voyage en mer, nous vient d'Angleterre. A l'extérieur, se déroule un superbe panorama représentant les régates d'Oxford et Cambridge, dû à un de nos plus habiles peintres.

Avec sa ville Japonaise, sa rue à Yeddo, ses scènes maritimes et rustiques, sa cérémonie religieuse, sans oublier les chants et danses sur la terrasse avec café du crû, ce pavillon voit chaque jour augmenter son succès.

Notons, avant de les quitter, que les jardins du Champ de Mars renferment plus de 400 variétés d'arbres d'ornement ou forestiers, et plus de 600 variétés d'arbustes de toutes familles, à feuilles persistantes ou à feuilles caduques. On aura rarement vu une collection aussi complète ; jamais, peut-être, une collection composée d'aussi beaux sujets, rhododendrons, magnoliers, palmiers ; toute

Histoire de l'habitation humaine : Maison aztèque.

cette flore sera entretenue et renouvelée jusqu'à la fin de l'Exposition.

Pour achever notre série des habitations étrangères, visitons, entre le jardin et les Arts libéraux :

Le Nicaragua, Lota, Salvador ; puis, du point où nous sommes, remontons

### L'AVENUE DE SUFFREN

en notant sur la bordure les bâtisses originales de :

L'Uruguay, Saint-Domingue, Paraguay, Guatemala, Haïti, le Pavillon indien, le Pavillon chinois, le Restaurant roumain, la Maison russe, le Pavillon marocain et le Bazar égyptien, qui fait partie de

## La rue du Caire

qui longe les grands palais, du coin de l'avenue de la Motte-Piquet et de l'avenue de Suffren.

Voici comment en parle le judicieux journaliste Pierre Bourde, à qui nous empruntons les passages suivants :

« Quand vous sortez du palais des Industries diverses, un peu ahuri et endolori d'une décoration tapageuse, vos yeux s'y débarbouillent et s'y défatiguent instantanément. Aucun art n'a poussé au même degré de perfection que l'art arabe l'élégance et la grâce des lignes ; il semble que l'idéal de la vie heureuse a consisté pour lui à paresser dans un endroit frais avec des formes exquises et légères autour de soi ; il vous pénètre de je ne sais quelle douce langueur. Il est sans rival encore dans ce qu'on a appelé de son nom l'arabesque, dans les subtiles combinaisons géométriques ; c'est proprement le don de cette race, au génie abstrait, qui n'a jamais connu nos cultes de la nature.

« Or, cette rue du Caire est la réunion charmante de quelques parties de mosquées et de vingt-cinq maisons de cette ville, prises parmi les plus caractéristiques depuis l'époque lointaine de Touloun jusqu'au siècle dernier. Le principe n'en a guère changé à travers les temps : c'est toujours un rez-de-chaussée à porte basse, un étage en encorbellement, dont les fenêtres sont masquées par des moucharabis, et une terrasse avec des crêtes se découpant sur le ciel. Tantôt la saillie de l'étage repose tout bonnement sur les poutres dépassant le mur du rez-de-chaussée, tantôt ces bouts de poutre grossiers sont transformés en corbeaux plus ou moins historiés.

« Le mérite de cette reproduction revient tout entier à M. le baron Delort, premier député de la nation française au Caire. Il n'a voulu d'aide que dans la conduite des travaux, pour laquelle il s'est associé un jeune architecte, M. Gillet. C'est lui d'abord qui, aidé de quelques amis, a constitué les fonds de l'exposition égyptienne, laquelle est toute privée. C'est lui ensuite qui a collectionné les moucharabis et choisi avec un goût si pur les types à reproduire. Les moucharabis sont d'ingénieux grillages en bois s'avançant en balcons sur la rue, qui ne laissent pénétrer dans les appartements qu'un demi-jour et qui permettent aux femmes de voir sans être vues. Ceux que vous trouverez là n'ont pas été faits pour la circonstance ; ils proviennent de maisons démolies. De même, il n'est pas un des ornements employés qui n'ait été moulé sur quelque monument. Le minaret est la copie, moins un étage, du minaret de Kaïd-Bey, un chef-d'œuvre du quinzième siècle renommé pour la richesse de ses détails.

« Les faïences qui forment inscription au-dessus de l'une des portes ont été arrachées par des mains impies du cylindre d'une coupole ; elles ne figurent là que parce que l'indolence orientale s'est refusée à les remettre en place.

« Les *ânes du Caire* sont célèbres, c'est du reste l'unique moyen de transport possible dans les rues tortueuses de la ville. M. Delort en a fait venir cent, avec autant d'âniers. Lorsqu'un peuple d'ouvriers et de marchands indigènes grouillera dans ces maisons, que les produits du pays s'étaleront aux devantures, que les âniers, en gandourah, vous offriront leurs ânes blancs, que vous entendrez râcler le tarbouck au fond du café ; que le muezzin chantera la prière : *la Allah ill' Allah!* du haut du minaret, et que le soleil fera étinceler les blancheurs des façades, alors, soyez-en sûrs, Fortunatus lui-même ne vous donnerait pas mieux l'illusion de l'Orient. »

Parmi les monuments étrangers dont nous venons de faire la revue, il y en a de toutes les grandeurs, depuis le palais de la République argentine qui coûtera deux millions et demi, jusqu'aux petits chalets rustiques qui ne reviendront pas à vingt mille francs. Il y en a qui appartiennent à des États, d'autres qui appartiennent à des compagnies, d'autres qui appartiennent à de simples particuliers.

Il y en a de toutes les matières avec lesquelles les hommes ont essayé de se construire des habitations, en pierre, en brique, en faïence, en bois, en plâtre, en stuc, en staff, en fer, en cuivre, en zinc, en acier, oui en acier, en papier mâché, en liège, que sais-je ? Il y en a même dans la décoration desquels entrent des matières inconnues jusqu'ici et qui donnent des effets dont les architectes sont fort étonnés en ce moment.

Il y en a de toutes les formes, avec dômes, avec coupoles, avec campaniles, avec clochetons, avec tours ou tourelles; c'est entre eux tous comme une lutte à qui montera plus haut pour mieux se faire remarquer. Que de pointes brandies vers le ciel! Et il y en a de tous les styles, depuis ceux qui n'ont pas de style du tout jusqu'à ceux qui reproduisent des types artistiques des diverses époques et des divers pays.

Après nous être réconfortés au restaurant du coin, louons chacun, à M. Delort, un de ses frétillants baudets, et tournons à gauche, par

### L'AVENUE DE LA MOTTE-PIQUET

où se trouve, en plein air, l'annexe des Machines, représentée par :

Les générateurs Dulac et Fontaine, Belleville, Nacyers, Roger, Joy de Pille, Babroch et Vitrox, sans oublier les Fours de boulanger, les Grands Ateliers Ducommun, et le restaurant qui fait le coin de

### L'AVENUE DE LA BOURDONNAIS

Nous la descendons en longeant le flanc droit des grands Palais, et nous enregistrons, en passant, les expositions :

| | |
|---|---|
| D'Asphalte. | Montchanin. |
| Des Forges de Saint-Denis. | Union Céramique. |
| | Cail. |

Fonderies de l'Horne.
Classes 25 et 52.
Salvey.
Le Commissariat Belge.
Société de Mariemont (les Écuries de l'administration).
Les Travaux publics (l'entrée principale, en face de l'avenue Rapp).
Les Finances.
Dillemont.
Forges du Nord.
Station de l'Electricité.
Postes et Télégraphes.
Le Pavillon et le Restaurant de la Presse.

La principauté de Monaco, le pavillon des Aquarellistes et celui des Pastellistes nous ramènent naturellement aux grands palais.

Ici commence la véritable *Exposition universelle*, dont ce que nous avons vu précédemment forme, en quelque sorte, les grandioses appendices.

Les organisateurs ont divisé les produits en *neuf groupes*, réunis non par nationalité, mais par nature, et distribués comme suit :

Au Champ de Mars :

Premier groupe : *Beaux-Arts*. — Palais spécial et galerie annexe (à voir).

Deuxième groupe : *Arts libéraux*. — Palais spécial et galerie annexe (à voir).

Grand palais des *Industries diverses* (à voir).

Troisième groupe : Mobilier et accessoires.

Quatrième groupe : Tissus, vêtements et accessoires.

Cinquième groupe : Industrie extractive et produits bruts et ouvrés.

*N. B.* — A droite et à gauche, les ailes en retour

qui relient ce palais à ceux des Beaux-Arts et des Arts libéraux seront occupées par les nations étrangères ; le corps principal est réservé à la France.

Sixième groupe : *Machines*. — Palais (à voir) séparé des Industries diverses par une cour à jour qui lui sert d'annexe.

Septième groupe : *Produits alimentaires*. — Nous en avons vu le palais sur la Seine, entre les ponts d'Iéna et de l'Alma.

Huitième groupe : *Agriculture, Viticulture, Pisciculture*, etc. — Ce groupe remplit les baraquements et galeries qui s'étalent sur la berge et sur le quai d'Orsay, des Invalides à l'avenue de la Bourdonnais.

Neuvième groupe : *Horticulture*. — Nous avons admiré ses produits dans les serres et parterres du Trocadéro, qui représentent le concours de toutes les flores du monde.

Ceci dit, continuons notre excursion par les

## GRANDS PALAIS

La description monumentale et décorative que nous en avons donnée en commençant nous dispense de la renouveler ici ; il ne nous reste plus qu'à nous tracer l'itinéraire qui doit nous guider dans le labyrinthe de galeries où les diverses sections ont classé leurs produits.

### Pavillons de la Ville de Paris

Placés, comme nous l'avons dit, dans le jardin,

de chaque côté de la façade du grand palais central, les deux pavillons de la Ville sont parallèles aux galeries Rapp et Desaix, qui relient les Beaux-Arts et les Arts libéraux aux Expositions diverses.

Dans le premier, sont rassemblés tous les documents qui concernent l'administration municipale et départementale, enseignement primaire, assistance publique, orphelinats, aliénés, avec spécimen des cellules, organisation du corps des sapeurs-pompiers, etc.

Dans le deuxième, on a réuni, d'abord, en atlas les anciens plans de Paris, au nombre de plus de trente : plan de la cité gauloise, plan de Lutèce, plan sous le règne de Philippe-Auguste, plan sous le règne de Philippe le Bel, plan au commencement du règne de Charles V, plan archéologique, treizième et dix-septième siècles ; plan de Munster, plan de G. Braun, plan dit de Tapisserie, plan de Gaiguières, plan dit de Bâle, plan dit de Saint-Victor, plan de Belleforest, etc., etc.

Dans ces divers plans, le vieux Paris se montre à travers les âges avec ses agrandissements successifs. Cet atlas est un véritable monument historique.

M. le géomètre en chef a fait ensuite reproduire le plan de Paris en 1789 à l'échelle de 1/5000$^e$, et le plan de Paris en 1889 à la même échelle ; ce dernier comprenant les bois de Boulogne et de Vincennes et indiquant les divisions administratives.

Et autres renseignements écrits ou dessinés.

Le Laboratoire municipal est surtout intéressant : on ne se contente pas de montrer les appareils spéciaux pour l'analyse du lait et des vins, les appareils pour la constatation de la falsification du café, etc., mais des chimistes attachés au Laboratoire font, devant le public, à l'aide de ces appareils, des expériences et des analyses curieuses.

## Palais des Beaux-Arts

Au rez-de-chaussée, sur la longueur de la nef, nous parcourons une suite de petits salons latéraux où 1589 toiles sont placées. Leur disposition particulière est à signaler : au lieu de les disperser en établissant entre elles des distinctions toujours spécieuses dans un aussi important concours, on s'est efforcé de réunir en un même panneau les œuvres de chaque artiste, mettant ainsi en valeur avec une sollicitude égale l'exposition de chacun.

Les petits salons latéraux forment donc comme autant d'expositions particulières où l'œuvre de tel ou tel artiste, réunie et en quelque sorte condensée, s'offre plus exclusivement à l'étude et au jugement du public. Une commodité nouvelle pour le visiteur : l'ordre alphabétique a été rigoureusement observé pour l'agencement de chaque panneau :

Panneaux : Bonnat Bouguereau, Carolus Duran, Benjamin Constant, Detaille, Duez, etc.

La même disposition a été adoptée pour le pastel, l'aquarelle, le dessin et la gravure, qui ont leurs salles dans la galerie du premier étage de cette même partie du palais, ainsi que pour la sculpture, dont le complément orne l'allée centrale de la section française des beaux-arts.

Sous la coupole du dôme se trouve l'exposition rétrospective.

Au rez-de-chaussée, la sculpture et l'architecture.

Au premier étage, la peinture.

Toute la partie du palais se dirigeant vers la Seine est consacrée aux sections étrangères. Ici aucune abstention ne s'est produite. Dans les vingt-six salles qui leur ont été réservées, toutes les nations ayant un art seront représentées. Les artistes allemands eux-mêmes, qui tout d'abord s'étaient abstenus, ont, au dernier moment, fait des envois si considérables, que l'aménagement d'une salle spéciale a dû être ordonné. Dans cette salle figurent les plus beaux spécimens de l'école de peinture allemande contemporaine.

L'exposition artistique se complète dans la

### GALERIE RAPP

qui, de ce côté, sert d'entrée principale à l'Exposition, et qui relie le palais des Beaux-Arts à l'aile gauche en retour où figure la première partie des Expositions étrangères.

## Palais des Arts libéraux

### EXPOSITION RÉTROSPECTIVE DU TRAVAIL ET DES SCIENCES ANTHROPOLOGIQUES

Placé du côté de l'avenue de Suffren, ce palais fait pendant à celui des Beaux-Arts.

L'Exposition rétrospective du travail et des sciences anthropologiques a pour but de montrer quelle route l'homme a fait parcourir aux moyens et aux méthodes de son travail. Tous les documents sont installés dans les vitrines d'un pavillon en bois construit au milieu du palais et séparé de l'exposition de l'enseignement, adossée aux murailles, par de grands couloirs. A l'extérieur des pavillons et à l'intérieur des cours une suite de panneaux couverts d'inscriptions, et de décorations peintes qui constituent en quelque sorte l'illustration du livre, dont l'exposition elle-même est le texte.

Les grandes découvertes de la science, les figures des hommes illustres sont tracées sur ces frises. Des passerelles légères, reliant les balcons du palais aux plates-formes du pavillon, facilitent la circulation au premier étage.

La première section comprend l'anthropologie, l'ethnographie et l'archéologie, tous les documents relatifs au travail dans les temps antiques, ou chez les populations sauvages. L'atelier de fabrication d'émaux cloisonnés de Chine est une des principales curiosités.

La section des arts libéraux donne les reconstitutions d'observatoires chinois, hindou, égyptien; d'Ulughbey et d'Uranienborg, des anciens cabinets de physique, de chimie et d'alchimie, et notamment du laboratoire de Lavoisier.

Le musée Plantin offre ses documents renommés pour l'histoire de l'imprimerie. Les outils de reliure, les types de papiers et de livres, de journaux, d'affiches et d'images, ainsi que le matériel des librairies sont exposés de manière à mettre en évidence leurs variétés et leurs perfectionnements.

L'histoire de la musique s'y trouve tout entière tant au point de vue des instruments, que des œuvres musicales.

Le théâtre y exhibe une série de maquettes, décors, costumes, masques, programmes, et affiches.

Les arts du dessin, architecture, peinture, sculpture, médailles et pierres fines artistiques, lithographie et chromolithographie d'art, y ont aussi leur histoire complète.

La section des Arts et Métiers rassemble tous les documents relatifs à la photographie, l'électricité, la chasse, la pêche, les minéraux, un matériel d'outillage pour la fabrication des terres cuites, céramiques, faïences, de la verrerie et cristallerie, des émaux et des mosaïques; à l'industrie des matières textiles, du papier, des dépouilles animales, enfin de l'art de se vêtir, de bâtir, de se chauffer, de s'éclairer, etc., et à toutes les interventions de l'art de l'ingénieur pour les satisfactions des besoins de l'homme vivant en société.

La section des Moyens de transport renferme :
Les collections de l'École des ponts et chaussées, du Conservatoire des Arts et Métiers, de la galerie des phares, de l'École centrale, des compagnies de chemins de fer.

Cette riche exposition comprend des reproductions de tous les ouvrages d'art intéressants : ponts, barrages, écluses, ports, rades et avant-ports; des reconstitutions de types de véhicules employés pour le transport maritime depuis l'antiquité jusqu'à nos jours : bateaux de peaux, trirèmes, galères; avec l'historique de l'architecture navale, des paquebots à voiles, de la machinerie à vapeur marine et des bateaux sous-marins; de tous les modèles de voitures : thensa, chars, litières, calèches, carrosses, diligences, omnibus, tramways; enfin l'histoire de l'aérostation depuis les premiers ballons jusqu'aux aérostats dirigeables. Une exposition détaillée du matériel et de l'organisation des chemins de fer complète cet ensemble.

La section militaire réunit les objets et documents se rapportant à l'art militaire et au commandement des armées ; cartes et plans anciens, uniformes, revues, campements, etc., et à l'histoire de l'infanterie, de la cavalerie, de la gendarmerie, du génie, et des services administratifs, de santé, des poudres et des salpêtres. (Voir aussi l'*Exposition du ministère de la Guerre* à l'esplanade.)

Telles sont les grandes lignes de cette exposition des moyens du travail, qui a été tentée à maintes reprises, mais n'a pas encore été réalisée avec ce large et complet programme.

L'exposition française des instruments de musique (classe 13) se complète dans la

### GALERIE DESAIX

entre deux portiques qui coupent le vestibule perpendiculairement à son axe et qui supportent chacun un grand orgue monumental.

Deux expositions étrangères spéciales figurent dans cette même galerie, qui relie le palais des Arts libéraux à l'aile en retour où figure la deuxième partie des

## Expositions étrangères

(Groupes divers)

Ces groupes, comme nous l'avons dit, sont distribués dans les deux ailes en retour.

L'aile qui fait suite à la galerie Rapp forme un carré traversé par trois allées parallèles, coupées par une allée transversale ; au centre un salon circulaire ; ce qui fait huit sections.

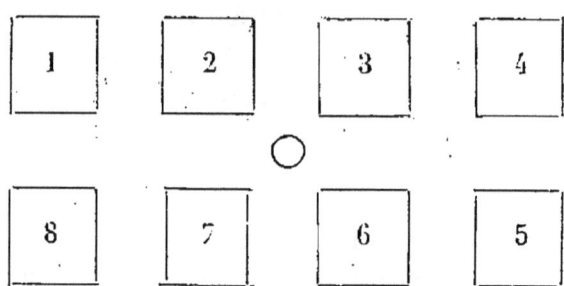

Les sections 1, 2, 3, renferment les produits de la Grande-Bretagne ; 4, 5, les colonies anglaises ; 6, la Belgique ; 7 et 8, les Pays-Bas.

L'aile qui fait suite à la galerie Desaix forme un carré, divisé comme le précédent, et dans lequel :

La section 1 est occupée par la Grèce ; la section 2 par l'Espagne et le Portugal ; les sections 3 et 6 par les Etats-Unis ; la section 4 par la Suisse, qui se termine dans le vestibule ; la section 7 par la Roumanie et la Norvège ; la section 8 par la Serbie et le Japon.

Le Japon se termine de l'autre côté du

### VESTIBULE CENTRAL

au milieu duquel s'élève le grand dôme.

A l'extrémité qui fait suite à l'exposition belge, se trouvent les Colonies néerlandaises.

A l'extrémité opposée, les quatre galeries russes ; puis, en quittant le vestibule, on tourne à gauche, et suivant le flanc du palais (côté Suffren), on rencontre, après l'annexe du Japon : Siam, l'Egypte et la Perse, qui finit l'exposition étrangère, à l'angle de la cour du palais des Machines.

Le reste du palais est consacré à

## La Section française

La Carrosserie occupe toute la partie latérale du palais (côté La Bourdonnais).

La Galerie centrale, qui part du dôme et aboutit à la cour des Machines, est bordée à droite et à gauche, par les bronzes d'art, fers forgés, etc.

En se plaçant sous le dôme, dans l'axe de la Galerie centrale, on a de chaque côté, deux allées parallèles (ce qui fait quatre allées), coupées par sept chemins horizontaux.

A chaque intersection principale des allées et des chemins, nous avons, comme station, un salon (✶).

Le moyen de ne pas s'égarer est de suivre le plan ci-contre.

En tenant ce plan à la main, et marchant en tournant le dos au dôme, nous prenons à gauche de la galerie centrale, au fond du vestibule, l'allée **A**, dans le parcours de laquelle nous trouvons :

| *A droite* | *A gauche* |
|---|---|
| Autriche. | Hongrie. |
| Dentelles. | Dentelles. |

*Salon.*

| | |
|---|---|
| Passementerie. | Passementerie. |
| Bonneterie. | Bonneterie. |

Accessoires du vêtement.
Tissus de coton.

*Salon.*

## SECTION DES INDUSTRIES DIVERSES

```
     A        B   Vestibule   C        D
    □    □    □        □    □    □

    □    □    □        □    □    □
      ★    ★              ★    ★
    □    □    □        □    □    □

    □    □    □   Galerie   □    □    □
      ★    ★    centrale    ★    ★
    □    □    □        □    □    □

    □    □    □        □    □    □
      ★    ★              ★    ★
    □    □    □        □    □    □

    □    □    □        □    □    □
     A        B     Dôme    C        D
```

| *A droite* | *A gauche* |
|---|---|
| Blanchiment. | Produits agricoles non |
| Teinture. | alimentaires. |

Cuirs et peaux.

*Salon.*

Exploitation des mines.
Electricité. — Restaurant.

Si, remontant à notre point de départ, nous prenons l'allée **B**, nous aurons, en la descendant :

| Joaillerie, bijouterie. | Jouets (Autriche). |
|---|---|

*Salon.*

| Habillement des deux | Passementerie. |
|---|---|
| sexes. | Bonneterie. |
| Soies et soieries. | Accessoires du vêtement. |

*Salon.*

| Tissus de laine. | Tissus de coton. |
|---|---|

Tissus de lin.
Campement. — Chasse. — Pêche.

| Armes portatives. | Blanchiment. |
|---|---|
| Exploitation forestière. | Teinture. |
| | Produits chimiques. |

*Salon.*

Exploitation des Mines.
Electricité.
Lecoutez et Garnier. — Restaurant.

De la cour où nous sommes, remontons la galerie centrale, et tournant de nouveau le dos au dôme, nous prenons à sa droite la première allée **C** qui nous donne :

| A gauche | A droite |
|---|---|
| Orfèvrerie. | Mosaïque. |
| Coutellerie. | Céramique. |

Meubles.

*Salon.*

| | |
|---|---|
| Tapisserie. | Tapisserie. |
| Parfumerie. | Décoration. |
| | Horlogerie. |

Maroquinerie.

*Salon.*

| | |
|---|---|
| Fonte d'art. | Bronze d'art. |
| Chauffage. | Mines. |

Remontons notre allée, et reprenant notre point de départ à l'allée **D**, nous trouvons :

*Salon.*

| | |
|---|---|
| Céramique. | Cristaux. |
| Porcelaines. | Verrerie. |

Meubles.

*Salon.*

| | |
|---|---|
| Tapis. | Papiers peints d'art. |
| Parfumerie. | |

*Salon.*

Fonte. — Appareils de chauffage.

En bas de la galerie centrale, s'ouvre le vestibule du palais, qui, de chaque côté, débouche dans la cour, où se trouve

L'EXPOSITION DES CHEMINS DE FER

Ce vestibule sert aussi de communication avec

**Le Palais des Machines**

Encore un des triomphes de l'Exposition. Nulle part on ne voit mieux combien nos impressions sont relatives. Nous ne pouvons apprécier les dimensions d'un objet que par rapport à d'autres. Une fois entré dans la galerie des machines, votre échelle de comparaison s'accroît subitement, ce qui a pour conséquence de tout amoindrir autour de vous. Un volant de machine vu dans un atelier paraîtra énorme; vu ici, ce n'est plus qu'un jouet. Dans le premier cas, vous le compariez aux dimensions de l'atelier qui étaient ordinaires; ici, vous le comparez aux dimensions de la galerie qui sont inouïes.

Nous avons déjà publié les chiffres de ces dimensions. Un détail en rappellera le gigantesque. Une faible partie de la toiture a été plafonnée, le reste est vitré. Or cette faible partie plafonnée a près de deux hectares de superficie. On l'a mesurée exactement pour payer les décorateurs qui y ont peint les écussons des villes de France. Il n'y avait point d'exemple encore dans le monde d'une salle aussi grande. La galerie des machines est pour la surface couverte un colosse unique, comme la tour Eiffel est un colosse unique aussi pour la hauteur.

Qu'en fera-t-on après l'Exposition? Car il y aura certainement unanimité à en réclamer la conservation. Elle est assez vaste pour qu'on y puisse passer des revues les jours de pluie, si on veut.

En sortant du vestibule et en entrant dans le palais, nous avons devant nous une large galerie qui aboutit tout droit à la sortie qui donne avenue de la Motte-Piquet, devant les ateliers Ducommun.

A partir du grand escalier, dans le sens de l'arbre moteur, c'est-à-dire du point qui va de l'avenue de Suffren (entre l'exposition des Chemins de fer et celle de l'Architecture), jusqu'à l'avenue de la Bourdonnais, une deuxième galerie coupe la première et divise l'immense espace en quatre carrés qui sont subdivisés en deux.

| 2 | 4 | 6 | 8 |

| 1 | 3 | 5 | 7 |

Si ce modèle en main, nous le regardons du pied du vestibule :

Le n° 1 nous indiquera la place occupée par l'Angleterre et les États-Unis.

Le n° 2, la papeterie, la teinturerie, l'impression l'exploitation des mines, la métallurgie.

Le n° 3, la Belgique et la Suisse.

Le n° 4, le Creusot et les usines agricoles.

Le n° 5, les industries alimentaires, l'électricité, les machines et outils.

Le n° 6, la mécanique générale.

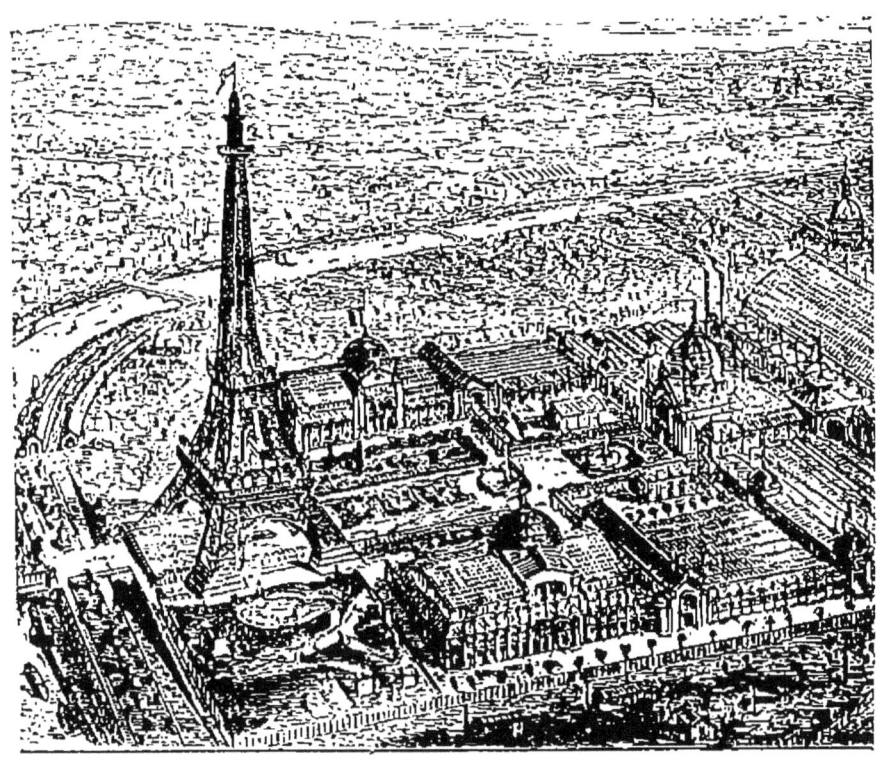

Vue générale des bâtiments du Champ de Mars.

Le n° 7, le tissage, le filage, la corderie.

Le n° 8, le mobilier, l'habitation, la chimie, la pharmacie, la tannerie.

**Ouverture du soir — Éclairage électrique**

La force motrice nécessaire pour l'éclairage de l'Exposition (30 000 mètres) est de 3 000 chevaux ; l'intensité de lumière est de 150 000 becs carcels.

## Fontaines lumineuses

En s'appuyant sur les curieuses expériences de réflexion totale, on est arrivé à donner l'illusion d'un jet de feu, et en modifiant, au moyen de verres spéciaux, la coloration de la lumière et en faisant varier en même temps la pression de l'eau, on obtient des effets merveilleux donnant l'illusion d'un feu d'artifice sans fumée, sans odeur et sans danger.

Il a paru aux organisateurs de l'Exposition universelle de 1889 que, non seulement il ne fallait pas négliger ce genre d'attraction, mais qu'il était indispensable de chercher à faire quelque chose qui dépassât tout ce qui a été vu dans ce genre jusqu'à ce jour.

On s'est arrêté à l'idée de reproduire la gerbe telle qu'elle avait été expérimentée en Angleterre, en la complétant par des effets d'eau et de lumière nouveaux, destinés à la marier avec la décoration générale du parc.

La fontaine est reliée, par un canal allongé, à la gerbe, pour constituer une pièce d'eau unique rappelant celle du parc de Saint-Cloud.

Le soir, tandis que la grande gerbe jette au milieu de l'Exposition sa note éblouissante, tous les effets d'eau de la fontaine décorée et du canal s'illuminent en même temps, aucune partie ne reste dans l'ombre, et on produit ainsi un effet décoratif absolument différent de ceux obtenus jusqu'à ce jour.

## Fêtes pendant la durée de l'Exposition

Le 5 mai, fête de la Fédération à Versailles. Le conseil général de Seine-et-Oise et le conseil municipal de Versailles contribueront pour moitié à la dépense. L'Etat prendra à sa charge les frais de réception solennelle.

Le 6 mai, inauguration de l'Exposition. Paris sera illuminé comme les jours de fête nationale. Il y aura des feux d'artifice, fête nautique sur la Seine, grande fête de nuit au Champ de Mars.

Le 14 juillet, fête nationale. Illumination des bois de Boulogne et de Vincennes avec des cordons lumineux sur la série des voies (avenues du bois, Champs-Elysées, rue Royale, grands boulevards, place de la Nation, cours de Vincennes), réunissant les deux grandes promenades des Parisiens.

Courant de septembre, séries de bals, banquets et concerts, au palais de l'Industrie, et notamment, un grand bal populaire où seront invités tous les ouvriers de l'Exposition et tous les membres des syndicats ouvriers.

Dans le même mois, auront également lieu de nombreux concours d'orphéons et de musiques militaires ; puis, toujours en septembre, on inaugurera le superbe monument de Dalou *le Triomphe de la Révolution*, qui doit être érigé sur la place de la Nation.

Enfin, la distribution des récompenses, aura lieu avec un grand éclat, vers le commencement d'octobre.

Nous n'avons pas parlé dans ce court résumé des fêtes de nuit qui auront lieu à des intervalles assez rapprochés dans l'enceinte de l'Exposition, ni de la translation au Panthéon des cendres des généraux de la Révolution : Hoche, Marceau, Carnot.

## Les Musiques militaires

A la suite d'une demande qui lui a été adressée par le président du Conseil, le ministre de la Guerre vient de décider que les musiques militaires du gouvernement de Paris se feront entendre les mercredis et dimanches, de quatre heures à six heures du soir, dans les jardins de l'Exposition militaire, à l'esplanade des Invalides.

Le premier et le troisième mercredi de chaque mois seront réservés à la musique de la Garde républicaine.

Pour compléter les souvenirs de l'anniversaire de 1789, Paris offre à ses visiteurs les attractions suivantes :

Reconstitution de la rue Saint-Antoine et de la Bastille, scènes, costumes, rappelant 1789 ; évasion d'un prisonnier, etc. (avenue de Suffren, 81).

Le musée de la Révolution, installé dans la salle des Etats, au Louvre.

Portraits, documents, curiosités, reliques authentiques.

Mais, pour voir ces autres merveilles, quittons l'Exposition et rentrons dans Paris.

# ITINÉRAIRES

## A TRAVERS PARIS

### Du Louvre à Charenton

Installé sur l'impériale, le voyageur passant entre l'Hôtel de Ville, l'église Saint-Gervais et la caserne Lobau, suivra la rue de Rivoli, en remarquant : à gauche, le grand bazar Ruel ; à droite, la mairie du IV<sup>e</sup>, l'église Saint-Paul et le temple protestant.

Place de la Bastille, il saluera la colonne de Juillet, passera devant la gare de Vincennes, en jetant un coup d'œil sur la gare de Lyon, au fond de la rue de ce nom ; longera le canal Saint-Martin jusqu'au pont d'Austerlitz, et par le quai, rive droite, remontera la Seine jusqu'à Charenton, d'où nous lui proposons la

## TRAVERSÉE EN BATEAU

### Charenton à Suresnes

| *Rive gauche* | | *Rive droite* |
|---|---|---|
| | *Pont de Charenton* | |
| | (sur la Marne) | |
| Alfortville. | | Charenton. |
| | *Pont du Chemin de Fer* | |

| Rive gauche | Pont du Port-à-l'Anglais | Rive droite |
|---|---|---|
| | Marne et Seine (confluent) | |
| Ivry. | | Les Carrières. |
| | *Pont National* | |
| | Fortifications. — Ceinture. | |
| Quai de la Gare. | | Quai de Bercy. |
| | *Pont de Tolbiac* | |
| | (1880-1882) | |
| Gare des Marchandises (port aux bois). | | Entrepôt de Bercy (vins). |
| | *Pont de Bercy* | |
| | (1884) | |
| Quai d'Austerlitz. | | Quai de la Râpée. |
| Gare d'Orléans. | | Gare de Lyon. |
| | *Pont d'Austerlitz* | |
| | (1807-1889) | |
| Quai Saint-Bernard. | | Quai Henri IV. |
| Jardin des Plantes. | | Canal Saint-Martin. |
| Halle aux Vins. | | Bastille. |
| | *Pont de Sully* | |
| | (1874-1876) | |
| Boulevard St-Germain. | | Boulevard Henri IV. |
| Quai de la Tournelle. | | Port des Célestins. |

### ILE SAINT-LOUIS

Quai de Béthune. — Quai d'Anjou.

| *Pont de la Tournelle* (1816) | *Pont Marie* (1635). |
|---|---|
| Quai de la Tournelle | Quai des Célestins (port aux fruits). |

Quai d'Orléans. — Quai Bourbon.

| Rive gauche | Pont Saint-Louis | Rive droite |
| --- | --- | --- |
| | (1861) | |
| *Pont de l'Archevêché.* | *Pont Louis-Philippe.* | |
| Quai Montebello. | Quai de l'Hôtel-de-Ville. | |

### ILE DE LA CITÉ

Quai de l'Archevêché. — Quai aux Fleurs.
La Morgue.

*Pont au Double* (1881). | *Pont d'Arcole* (1854).

Notre-Dame. — Hôtel-Dieu.

| | |
| --- | --- |
| Place Maubert. | Hôtel de Ville. |
| Quai Montebello. | Quai de Gesvres. |

Quai de l'Archevêché. — Quai aux Fleurs.

*Petit-Pont* (1854). | *Pont Notre-Dame.*

Quai du Marché-Neuf. — Quai de la Cité.

| | |
| --- | --- |
| Quai Saint-Michel (bouquinistes). | Quai de Gesvres. |
| | Rue Saint-Martin. |
| *Pont Saint-Michel* (1857). | *Pont au Change* (1858). |

Boulevard du Palais (Sainte-Chapelle).

| | |
| --- | --- |
| Boulevard Saint-Michel (fontaine). | Boulevard Sébastopol (Châtelet). |

Quai des Orfèvres. — Quai de l'Horloge.

| | |
| --- | --- |
| Préfecture de police. | Conciergerie. |
| Quai des Augustins (librairie ancienne et moderne), | Quai de la Mégisserie (marchands d'oiseaux, grainetiers). |

| Rive gauche | Pont-Neuf<br>(1578-1887) | Rive droite |
|---|---|---|
| | Statue de Henri IV. | |
| Bains Henri IV. | | Bains de la Samaritaine. |
| Quai Conti. | | Quai du Louvre. |
| La Monnaie. | | Les Halles. |
| L'Institut. | | St-Germain l'Auxerrois. |
| Statue de la République. | | Colonnade du Louvre. |

*Pont des Arts.*
(1803)

| | | |
|---|---|---|
| Quai Malaquais. | | Quai du Louvre. |
| Ecole des Beaux-Arts. | | Palais du Louvre. |

*Pont du Carrousel ou des Saints-Pères.*
(1834)

| | | |
|---|---|---|
| Quai Voltaire. | | Quai du Louvre. |
| Statue de Voltaire. | | Arc du Carrousel. |
| Rue des Saints-Pères (bouquinistes). | | Statue de Gambetta. |
| Port des Saint-Pères. | | Port Saint-Nicolas. |

*Pont Royal.*
(1685)

| | | |
|---|---|---|
| Quai d'Orsay. | | Quai des Tuileries. |
| Rue du Bac (bains). | | Ruines du palais. |
| Caserne d'Orsay. | | Jardin et r. des Tuileries. |
| Port aux pierres. | | Statue de Jeanne d'Arc. |

*Pont de Solférino.*
(1859)

| | | |
|---|---|---|
| Ruines de la Cour des Comptes. | | Jardin des Tuileries. |
| La Légion d'honneur. | | La colonne Vendôme. |

| Rive gauche | Pont de la Concorde. (1790) | Rive droite |
|---|---|---|
| Corps législatif. | | Place de la Concorde. |
| Boulevard St-Germain. | | Obélisque.—Madeleine. |
| Esplanade des Invalides. | | Champs-Élysées (vue superbe). |

*Pont des Invalides.*
(1880)

| | | |
|---|---|---|
| Quai d'Orsay. | | Quai de la Conférence. |
| Magasin militaire. | | Palais de l'Industrie. |
| Manufacture des Tabacs. | | Cours la Reine. |

*Pont de l'Alma.*
(1855)

| | | |
|---|---|---|
| Quai d'Orsay. | | Quai de la Conférence. |
| Garde-meuble. | | Avenue de l'Alma. |
| Port aux pierres. | | Hippodrome. |

*Pont d'Iéna.*
(1813)

| | | |
|---|---|---|
| Champ de Mars. | | Palais du Trocadéro. |
| École militaire. | | Boulevard Delessert. |
| Quai d'Orsay. | | Quai de Billy. |

*Pont de Passy.*
(1878)

| | | |
|---|---|---|
| Quai de Grenelle. | | Quai de Passy. |

Ile des Cygnes.

*Pont de Grenelle.*
(1875)

| | | |
|---|---|---|
| Quai de Javel. | | Avenue de Versailles. |
| Port au charbon, etc. | | Institution Ste-Perrine. |

(Statue de la Liberté éclairant le Monde)
Ile des Cygnes.

*Viaduc d'Auteuil. — Point-du-Jour.*

*Rive gauche* (1865) *Rive droite*

Fortifications. — Ceinture.

| | |
|---|---|
| Quai de Javel. | Quai d'Auteuil. |
| Porte du Bas-Meudon. | Porte de Billancourt. |

Ile Saint-Germain. — Magasin militaire.

| | |
|---|---|
| Quai d'Issy. | Chemin de halage. |
| Quai des Moulineaux. | Boulevard de Seine. |

*Pont de Sèvres. — Pont de Saint-Cloud.
Pont de Suresnes.*

*Pont de Neuilly*

Ile du Pont.

| | |
|---|---|
| Quai de Seine. | Boulevard Bourdon. |

*Pont de Courbevoie*

Ile de la Grande-Jatte.

| | |
|---|---|
| Boulevard Bineau. | Quai Michelet. |

*N. B.* — En quittant le bateau, à Suresnes, on peut revenir à pied jusqu'au pont de Saint-Cloud, en suivant le quai qui longe Longchamps ; et, après avoir visité le parc et le château, prendre le chemin de fer; ou mieux, le tramway **A**, qui, traversant Boulogne, Auteuil, Passy, les Champs-Élysées, vous ramène :

**De Saint-Cloud au Louvre**

## CANAUX

Pour ne pas revenir sur la nomenclature des quais, disons tout de suite que :

Le *canal Saint-Denis* et le *canal de l'Ourcq* s'embranchent dans un grand bassin, derrière les abatoirs de la Villette, près des fortifications, et forment le *canal Saint-Martin*.

Les quais qui bordent ce canal sont :

Du bassin au boulevard de la Villette : quai de l'Oise, quai de Seine (rive droite); quai de la Marne, quai de la Loire (rive gauche);

Du boulevard à l'avenue de la République : quai de Valmy, à droite; quai de Jemmapes, à gauche.

De l'avenue à la Bastille, le canal passe sous le boulevard Richard-Lenoir.

De la Bastille en Seine, le canal est bordé par le boulevard Bourdon, à droite, et le boulevard Contrescarpe, à gauche.

De nombreuses écluses et passerelles relient les deux rives.

### Du Louvre à Vincennes
(en tramway)

*N. B.* — Tous nos itinéraires peuvent être suivis en voiture, si l'on désire s'arrêter *ad libitum.*

Prenez au Louvre, en face Saint-Germain-l'Auxerrois, le tramway **F**, qui, traversant les Halles devant l'église Saint-Eustache (près de la Bourse du travail et de la fontaine des Innocents), suit la belle *rue Turbigo*, croise la rue Saint-Denis, le boulevard Sébastopol, la rue Saint-Martin ; frôle l'église Saint-Nicolas, et, laissant, à droite, le marché du Temple et l'église Sainte-Élisabeth, arrive à la *place de la République* (statue de la République).

Coupant en biais les *grands boulevards*, il prend le boulevard Voltaire, croise le boulevard *Richard-Lenoir*, à l'endroit où s'élève la statue du sergent Bobillot, et, un peu plus loin, celle de Ledru-Rollin ; passe devant l'église Saint-Ambroise et le Père-Lachaise à gauche, et continue sa course jusqu'à la *place de la Nation*, célèbre par les deux colonnes de l'ancienne barrière du Trône, et par le vaste bassin dont le centre doit recevoir le groupe de Dalou (*le Triomphe de la République*).

Il prend alors le cours de Vincennes, et vous dépose aux fortifications.

De là, gagnez à pied le *Donjon*, juste à l'entrée du bois, que vous visiterez à votre convenance.

*N. B.* — Vous pouvez éviter cette course à pied en prenant, sur la place de la Nation, le tramway **C**.

### De Vincennes au bois de Boulogne

Après vous être reposé dans un café ou restaurant de l'endroit, prenez le tramway **C**, qui, par Saint-Mandé, vous ramène à la place de la Nation, descend le faubourg Saint-Antoine, laisse à gauche les hospices Saint-Antoine et Sainte-Eugénie, etc., atteint la place de la Bastille[1], descend le boulevard

---

1. Pour ne pas quitter la ligne droite, on peut descendre place de la Bastille et prendre le tramway **K**, avec correspondance, jusqu'à l'Hôtel de ville.

Henri IV, et, par les quais, à droite, et vous dépose l'Hôtel de Ville.

Examinez de nouveau ce monument, puis, au coin de l'avenue Victoria, montez sur l'omnibus C.

Vous observerez, en passant : le square et la tour Saint-Jacques, le Théâtre lyrique, la silhouette du Palais de Justice, le Châtelet, et le commencement du boulevard Sébastopol.

Dans le parcours de la rue de Rivoli, vous verrez : à gauche, le palais du Louvre, puis le Jardin des Tuileries; à droite, les Magasins du Louvre, le Grand-Hôtel et les Arcades, le Palais-Royal, le Théâtre Français, la statue de Jeanne d'Arc; enfin, dans l'axe de la rue de Castiglione, la colonne Vendôme.

Après avoir passé la place de la Concorde et admiré encore son obélisque, ses fontaines, ses superbes statues, vous suivez les Champs-Élysées et arrivez à la barrière de l'Etoile, émerveillé, ravi, et avec l'intention de revenir parcourir à loisir et à pied ce quartier, l'un des plus pittoresques de Paris.

Si vous désirez visiter le bois de Boulogne et le jardin d'acclimatation, restez en omnibus jusqu'à la porte Maillot, d'où vous pourriez prendre le tramway spécial et vous rendre jusqu'à Courbevoie, en passant par Neuilly.

Si, au contraire, vous voulez rentrer dans Paris, vous avez le chemin de fer de ceinture. A moins que vous ne préfériez revenir à pied à la barrière de l'Etoile, alors vous auriez à choisir entre les itinéraires suivants :

## De l'Etoile à la place de la Nation

### Par les boulevards extérieurs (côté Nord)

Le tramway **D** part de l'avenue de Wagram et suit les boulevards de *Courcelles* (parc Monceau, à droite), *Batignolles*, *Clichy* (place Moncey, statue), longeant à gauche le cimetière Montmartre et l'église du Sacré-Cœur, suit le boulevard Rochechouart, croise les boulevards Barbès et Magenta, suit les boulevards de la Chapelle et de la Villette (station à la Rotonde sur le canal). — Grenier d'abondance. — Buttes Chaumont.

Monter dans le tramway **E**, qui traverse les boulevards de *Belleville*, *Ménilmontant* (cimetière du Père-Lachaise), *Charonne*, et fait halte à la place de la Nation.

De là, si l'on veut achever cette tournée circulaire, descendre à pied le boulevard *Diderot* jusqu'à la gare de Lyon, ou prendre le tramway **C**, avec correspondance à la Bastille, pour le tramway de la gare Montparnasse, d'où celui de l'Etoile vous ramène à votre point de départ, c'est-à-dire :

## De la Bastille à l'Etoile

### Par les boulevards extérieurs (côté Sud)

En suivant : 1° le *boulevard Contrescarpe*, à gauche, sur le bord du canal (le pont d'Austerlitz, le Jardin des Plantes), le *boulevard de l'Hôpital* (Salpêtrière), le *boulevard Saint-Marcel*, le *boulevard de Port-Royal* (Observatoire, Luxembourg);

le *boulevard du Montparnasse* (cimetière, barrière d'Enfer, la gare, rue de Rennes);
(*Changer de tramway.*)

2° le *boulevard du Montparnasse* (Hospices Necker, des enfants et des jeunes aveugles), le *boulevard des Invalides* (puits artésien, Invalides), l'*avenue de Tourville* (tombeau de Napoléon I$^{er}$), l'*avenue Bosquet* (École militaire, Champ de Mars, pont de l'Alma), l'*avenue Marceau*.
Arrêt : *Place de l'Etoile*.

De là, vous pouvez rentrer dans le quartier du Louvre en reprenant l'omnibus **C**, qui vient de la porte Maillot.

## GRANDS BOULEVARDS

A quelque endroit que vous soyez, prenez un tramway ou un omnibus qui vous amène à la Bastille, et de là, en quelques heures, *sans mettre pied à terre*, vous aurez traversé Paris dans tous les sens, et parcouru ses quartiers les plus vivants et les plus riches, grâce à l'enchaînement des itinéraires suivants :

### De la Bastille à la Madeleine
(rive droite)

A l'angle de la place de la Bastille, sur le bord du canal, montez dans l'omnibus **E** (les dames sont admises sur l'impériale), et, votre guide en main, notez, comme nous vous l'avons dit, soit en marge du livre, soit sur un carnet, les points intéressants que vous désirerez revoir :

*A gauche*  *Boulevard Beaumarchais*  *A droite*

| | |
|---|---|
| Théâtre Beaumarchais. | Concert de l'Époque. |
| Rue du Pont-aux-Choux. | Rue Saint-Sébastien. |

*Boulevard des Filles-du-Calvaire*

| | |
|---|---|
| Rue des Filles-du-Calvaire, menant au marché du Temple. | Rue Oberkampf. Cirque d'Hiver. |

*Boulevard du Temple*

Place de la République (statue monumentale)

| | |
|---|---|
| Théâtre Déjazet. | Boulevard Voltaire. |
| Rue du Temple. | Faubourg du Temple. |
| Rue Turbigo. | Boulevard Magenta. |
| Magasins du Pauvre-Jacques. | Théâtre du Château-d'Eau. |
| Grands cafés autour de la place. | |

*Boulevard Saint-Martin*

| | |
|---|---|
| De chaque côté du boulevard, la chaussée est très élevée. | Théâtre des Folies-Dramatiques. |
| Nombreux cafés. | Théâtre de l'Ambigu. |
| Magasins d'orfèvrerie et de vêtements. | Théât. de la Porte-Saint-Martin. |
| Restaurants, bouillons. | L'auberge des Adrets. |
| Rue Saint-Martin. | Th. de la Renaissance. |
| | Porte Saint-Martin. |
| | Rue du faubourg Saint-Martin. |

*A gauche* .     *Boulevard Saint-Denis*     *A droite*

| | |
|---|---|
| Boulevard Sébastopol. | Boulev. de Strasbourg. |
| Au coin, marchand de galette. | Concerts de l'Eldorado et de la Scala. |
| Bouillon Duval. | Th. des Menus-Plaisirs. |
| Bars, cafés, etc. | Faubourg Saint-Denis. |
| Au Nègre (horlogerie). | Porte Saint-Denis. |
| Rues Saint-Denis et d'Aboukir. | |

*Boulevard Bonne-Nouvelle*

| | |
|---|---|
| En montant la chaussée, brioches du père la Lune. | Concert parisien. |
| | Bazar de la Ménagère. |
| | Théâtre du Gymnase. |
| Horlogers, bijoutiers. | Restaurant Marguery. |
| Cafés. | Par la rue d'Hauteville, on aperçoit l'église de Saint-Vincent de Paul. |
| La rue Bonne-Nouvelle conduit à l'église Bonne-Nouvelle. | |
| | Faubourg Poissonnière. |
| Rue Poissonnière. | Alcazar d'hiver. |
| | Conservatoire. |

*Boulevard Poissonnière*

| | |
|---|---|
| Rue du Sentier. | Passage du Pont-de-fer (Bazar). |
| Rue Saint-Fiacre. | |
| La *Nouvelle Revue*. | Rue Rougemont. Comptoir d'escompte. |
| Magasin des tapis d'Aubusson et bazar de l'Industrie française. | Barbedienne (br. d'art). |
| | Brébant (anc. Vachette). |
| Rue Montmartre. | Faubourg Montmartre. |

*Boulevard Montmartre*

| | |
|---|---|
| Théâtre des Variétés. | Musée Grévin. |

| *A gauche* | *Boulevard Montmartre* (suite) | *A droite* |

| | |
|---|---|
| Passage des Panoramas. | Passage Jouffroy, communiquant au passage Verdeau. |
| Rue Vivienne, allant à la Bourse. | |
| Maison Goupil (tableaux et gravures). | Marchands de Jouets. |
| | Grands restaurants. |
| Cafés renommés. | Spectacle enfantin. |
| Rue Richelieu. | Cafés de Madrid, de Suède, etc. |
| | Rue Drouot. |

*Boulevard des Italiens*

| | |
|---|---|
| Café Cardinal. | Théâtre Robert-Houdin. |
| Passage des Princes. | Dîner européen. |
| Rue Favart. | Passage de l'Opéra (bijoux et jouets). |
| Opéra-Comique. | |
| Rue de Grammont. | Rue Le Peletier. |
| Crédit lyonnais. | Café Riche. |
| Rue de Choiseul, conduisant au théâtre des Bouffes. | Rue Laffitte. |
| | Maison Dorée. |
| | Café-glacier Tortoni. |
| Orfèvrerie Christofle. | Théâtre des Nouveautés. |
| Rue de la Michodière. | Rue de la Chaussée-d'Antin. |
| Rue Louis-le-Grand. | |

*Boulevard des Capucines*

| | |
|---|---|
| Glacier napolitain. | Théâtre du Vaudeville. |
| Confiserie Boissier. | Péters (restaurant américain). |
| Rue de la Paix. | |
| Colonne Vendôme. | L'Opéra. |
| Rue du 4 Septembre. | Le Grand-Hôtel. |
| Avenue de l'Opéra. | Le Jockey-Club. |
| Cercle nat. des Armées. | Café de la Paix, et autres. |

*A gauche* Boulevard des Capucines (suite) *A droite*

Rue Cambon. | Rue Caumartin.

### Boulevard de la Madeleine

| | |
|---|---|
| Confiserie Gouache. | Rues Caumartin, de Sèze, Godot-de-Mauroy, Vignon. |
| Rue Duphot. | |
| Bar américain. | |
| Rue Royale. | L'église de la Madeleine. |
| | Marché aux Fleurs. |

Quitter l'omnibus à la station, descendre à pied la rue Royale, que traverse la rue Saint-Honoré, laisser à gauche le ministère de la Marine; à droite le Garde-Meuble, et après avoir parcouru la place de la Concorde (voir page 149), regarder à droite la Barrière de l'Etoile, et à gauche le jardin des Tuileries, traverser le pont de la Concorde et prendre le Tramway I qui va

## De l'Alma à la Bastille

Par le boulevard Saint-Germain (rive gauche)

En le suivant à rebours remarquez :

| *A gauche* | *A droite* |
|---|---|
| Le cercle agricole. | Rue de Bourgogne. |
| Rue Solférino. | Ministère de la Guerre. |
| Rue Vilìersexel. | |
| Ministère du Commerce. | |
| Ministère des Travaux publics. | |

Rue Saint-Dominique. — Rue Bellechasse.
Rue du Bac.

| A gauche | A droite |
|---|---|
| Saint-Thomas d'Aquin. | *Boulevard d'Enfer* (square). |
| Académie de médecine. | Rue Saint-Gilles. |

Rue des Saints-Pères.

| | |
|---|---|
| Société de Géographie. | Rue du Dragon. |

Rue de Rennes.
(conduisant à la gare Montparnasse)

| | |
|---|---|
| Eglise Saint-Germain des Prés. | Rue Bonaparte. |

Rue de Seine.
(Palais du Luxembourg)

| A gauche | A droite |
|---|---|
| Rue Grégoire-de-Tours. | Cercle de la librairie. |
| Rue de l'Ancienne-Comédie. | Rue de l'Odéon (théâtre). |
| Cour du Commerce. | Terre-plein (statue de Broca). |
| Rue de l'Eperon. | Ecole de médecine. |
| Rue Hautefeuille. | Librairie Hachette. |

*Boulevard Saint Michel.*
(On aperçoit à gauche le Palais-de-Justice)

| | |
|---|---|
| Plusieurs cafés en face de la station des tramways. | Jardin de Cluny. |
| | Théâtre de Cluny. |
| Chalet de nécessité. | |

Rue Saint-Jacques.

| | |
|---|---|
| Place Maubert (statue d'Etienne Dolet. | Marché des Carmes. |
| | Rue Monge. |
| (On aperçoit Notre-Dame.) | Eglise Saint-Nicolas du Chardonnet. |

*A gauche*         *Pont de Sully.*         *A droite*

| | |
|---|---|
| Quai Saint-Bernard. | Quai de la Tournelle. |

*Boulevard Henri IV.*
(Prolongement du boulevard Saint-Germain)

| | |
|---|---|
| Quai des Célestins. | Quai Henri IV. |
| Inscription rappelant la mort de Rabelais. | *Boulevard Morland.* |
| Rue du Petit-Musc. | Bibliothèque de l'Arsenal. |
| Rue de la Cerisaie. | Caserne des Célestins. |

*Place de la Bastille.*

Descendez de voiture, traversez la place, et de l'autre côté, au coin du boulevard *Richard-Lenoir*, prenez le tramway I qui va

### De la Bastille à Saint-Ouen

en suivant le *boulevard Richard-Lenoir*, qui, jusqu'à *l'avenue de la République* recouvre le canal Saint-Martin. Les prises d'air et de jour sont masquées par dix-huit parterres entourés de grilles avec bassins au centre. Le tramway remonte ensuite le *boulevard Magenta*, qui croise le faubourg Saint-Martin, le boulevard de Strasbourg près de l'église Saint-Laurent et de la gare de l'Est, puis le faubourg Saint-Denis; laisse à gauche la prison Saint-Lazare, l'église Saint-Vincent de Paul, les rues Lafayette, de Dunkerque, et le boulevard Rochechouart, et à droite la gare du Nord, l'hôpital de Lariboisière et le boulevard de la Chapelle.

Le tramway gagne ensuite le cimetière de Saint-Ouen par les *boulevards Barbès* et *Ornano*.

*N. B.* — Comme il n'y a rien de curieux à voir, nous conseillons à notre voyageur de s'arrêter devant la gare de l'Est et d'y prendre le tramway **G**, pour aller :

### De la gare de l'Est à Montrouge
#### Par le boulevard de Strasbourg

qui descend, en croisant la rue du Château-d'Eau.

| *A gauche* | *A droite* |
|---|---|
| Théâtre des Menus-Plaisirs. | Concert de la Scala. |
| Eldorado. | Magasins, buvettes et cafés jusqu'au boulevard Saint-Denis. |
| Boulev. Saint-Martin. | |

*Boulevard Sébastopol.*

| | |
|---|---|
| Square et Musée des Arts et Métiers. | Bouillon Duval. |
| | Rue du Caire. |
| Théâtre de la Gaîté. | Bars, cafés, restaurants. |

Rues Réaumur, Turbigo, Etienne-Marcel.
De la rue Turbigo on aperçoit Saint-Eustache.

Eglise Saint-Leu.
Rue Rambuteau.
(D'où l'on aperçoit les Halles.)

| | |
|---|---|
| Rue Quincampoix. | Rue des Lombards. |
| Rue Aubry-le-Boucher. | Concert de l'Eden. |
| Rue de la Verrerie. | Magasins de *Pygmalion*. |
| Chapellerie de l'*Hérissé*. | |

| *A gauche* | Rue de Rivoli. | *A droite* |

| | |
|---|---|
| Square et tour Saint-Jacques. | Chambre des notaires. |
| Avenue Victoria (Hôtel de Ville). | Chalet de nécessité. |

Fontaine et colonne du Châtelet.

| | |
|---|---|
| Théâtre Lyrique. | Théâtre du Châtelet. |
| Quai de Gesvres. | Quai de la Mégisserie. |

Pont au Change.

*Boulevard du Palais.*

| | |
|---|---|
| Quai aux fleurs. | Quai de l'Horloge. |
| Tribunal de commerce. | Palais de Justice. |
| Rue de Lutèce (Hôtel-Dieu). | La Sainte-Chapelle. |
| | Quai des Orfèvres. |
| Caserne des Pompiers. | |
| Quai du Marché-Neuf. | |

Pont Saint-Michel.
(Rive gauche)

*Boulevard Saint-Michel.*

| | |
|---|---|
| Rue et église Saint-Séverin. | Place et fontaine Saint-Michel. |

On croise le *boulevard Saint-Germain*.

| | |
|---|---|
| Palais des Thermes (Cluny). | Façade de l'Ecole de médecine. |
| Rue des Ecoles. | Rue de l'Ecole-de-Médecine. |
| Place et église de la Sorbonne. | Lycée Saint-Louis. |
| Rue Soufflot (Panthéon). | Rue de Médicis (Odéon). |

*A gauche* Palais et jardin du Luxembourg. *A droite*

| | |
|---|---|
| Clocher de Saint-Jacques du Haut-pas. | Ecole des Mines. |
| | Rue d'Assas. |
| Sourds-muets. — Val-de-Grâce. | Station des Omnibus. |
| | *Boulevard Montparnasse.* |
| Bal Bullier. — Statue de Ney. | |
| *Boulevard de Port-Royal.* | |

Avenue de l'Observatoire.
Rue Denfert-Rochereau.

| | |
|---|---|
| L'Observatoire. | Asile des Enfants assistés. |

Le Lion de Belfort (statue).

*Boulevard Saint-Jacques.* | *Boulevard d'Enfer.*

*Avenue d'Orléans.*

| | |
|---|---|
| Gare de Sceaux. | Cimetière Montparnasse. |
| Hospice Sainte-Anne. | Eglise Saint-Pierre de Montrouge. |

*Avenue du Maine.*

Laissez votre tramway tourner à gauche, pour s'arrêter aux fortifications (dont on aperçoit la barrière), et allez visiter le *Parc de Montsouris;* ou bien, vous prenez au passage, devant l'église, le tramway qui vient de Fontenay-aux-Roses par Châtillon, Montrouge et Malakoff, et qui vous conduira :

### De Montrouge à Saint-Germain-des-Prés

Après vous avoir ramené devant le Lion de

Belfort, il prend le *boulevard d'Enfer*, longe le cimetière, atteint la gare par le *boulevard Montparnasse* et descend la

### Rue de Rennes.

| | |
|---|---|
| La succursale du Mont-de-Piété. | Le Collège Stanislas. |

### Rue de Vaugirard.

| | |
|---|---|
| Rue de Mézières. | Rue d'Assas. |

### Rue du Vieux-Colombier.

Descendez. Laissez le tramway achever sa course usqu'à la place de l'Abbaye, tournez à droite, le bout de la rue qui vous mène à la *place Saint-Sulpice* qu'entourent l'église, le grand séminaire et la mairie du sixième arrondissement. Admirez au milieu la fontaine monumentale. (Fontaine Wallace et chalet de nécessité.

Pour changer le panorama, nous allons maintenant vous conduire

## De Saint-Sulpice à la Villette

dans l'omnibus **L**, dont voici l'itinéraire : rue Bonaparte; — boulevard Saint-Germain jusqu'à Cluny; — boulevard Saint-Michel jusqu'au pont; — quai Saint-Michel, Petit-Pont; — Parvis Notre-Dame (à gauche, Préfecture de police; à droite, l'Hôtel-Dieu); — le Pont Notre-Dame (à gauche, la tour Saint-Jacques; à droite, l'Hôtel de Ville);— la rue Saint-Martin (à droite, l'église Saint-Merry); — croise la rue de Rambuteau, puis la rue Turbigo (à droite, l'église Saint-Nicolas et les Arts-et-Métiers ; à gauche, la Gaîté et le square) ; — arrivé aux *Grands Boulevards*, il passe devant la porte Saint-Martin et remonte le faubourg tout droit jusqu'à la rotonde (*boulevard de la Villette*).

Si vous ne voulez pas le suivre jusqu'aux Abattoirs et s'il ne vous convient pas de visiter auparavant les *Buttes Chaumont*, montez dans l'omnibus **A C,** qui passe devant vous, et va

### De la Villette aux Champs-Élysées

par la gare du Nord, la rue Lafayette, où vous verrez, à droite, l'église Saint-Vincent de Paul, la belle place Baudin et son square, la place Cadet, la rue de Châteaudun, Notre-Dame de Lorette. En croisant la Chaussée d'Antin, vous apercevez l'église de la Trinité.

Descendez devant l'Opéra, dont vous pourrez faire le tour. Nous avons voulu vous amener à ce point pour que vous puissiez compléter votre étude des grands boulevards en parcourant à pied (la course n'est pas longue), le *boulevard Haussmann* jusqu'à la caserne qui fait le coin de l'avenue Portalis.

Le quartier est superbe. En croisant la rue du Havre, vous avez : à droite, les grands magasins du Printemps, et au bout la gare Saint-Lazare ; à gauche, la rue d'Anjou vous mène à la Chapelle expiatoire ; et, par la petite rue Lavoisier, au *boulevard Malesherbes,* devant la chapelle protestante.

Vous descendrez cette élégante voie, jusqu'à la

Madeleine, d'où vous vous dirigerez où bon vous semblera.

Un grand nombre d'autres boulevards sillonnent

Panorama de la Compagnie transatlantique

la rive droite et la rive gauche dans les quartiers excentriques, mais quoique la plupart soient spacieux et ombragés de vertes allées en été, nous n'y signalons rien de remarquable.

## Boulevards de ceinture

La *rue militaire*, ou chemin de ronde, qui entoure

Paris en dedans des fortifications, forme 19 sections ou boulevards qui portent les noms des principaux généraux du premier Empire.

## AVENUES

Les avenues, chaussées et grands cours, tels que : la chaussée Clignancourt, le cours la Reine, les avenues Victor-Hugo, de Wagram, Kléber, de la Grande-Armée etc., sont de véritables boulevards. La plupart de ces vastes voies, parfaitement entretenues, bordées de somptueux hôtels, de splendides villas, offrent de belles et agréables promenades; mais l'étranger, à court de temps, ne peut que les traverser à la hâte quand elles se trouvent sur sa route.

Citons cependant :

*Avenue de l'Opéra*, à cause de ses riches magasins ;

*Avenue Victoria*, qui conduit à l'Hôtel de Ville ;

*Avenue des Gobelins*, menant à la manufacture.

## CHEMIN DE FER DE CEINTURE

Toutes les gares (de 6 h. du matin à 9 h. du soir) mènent toutes les demi-heures à un point du chemin de fer de Ceinture.

Cette ligne circulaire parcourt sa circonférence de 35 kilomètres en deux heures environ.

On peut partir à volonté de l'une des stations et revenir à son point de départ. Avoir bien soin de *changer de wagon* à la station de Courcelles, en montant vivement un escalier, à l'opposé de la sortie.

## PRINCIPALES RUES

Les plus belles et les plus fréquentées sont :

SUR LA RIVE DROITE :

Les rues :

*Castiglione*, (galeries à arcades, Hôtel Continental), de la *Paix* (des Tuileries à l'Opéra). Riches magasins. — Place et colonne Vendôme, état-major

*Châteaudun*. Soudée à la rue *Lafayette*, elle forme, avec les rues *Saint Lazare* et de la *Pépinière*, une ligne continue de la Villette à la place Saint-Augustin.

*Chaussée-d'Antin*, du boulevard des Italiens à l'église de la Trinité.

*Etienne-Marcel*, du boulevard Sébastopol à la place des Victoires (hôtel des postes, ancienne tour de Jean sans Peur)

*Maubeuge*, du boulevard de la Chapelle à la rue de Châteaudun.

*Montmartre* (rue et faubourg), des Halles au boulevard et à Notre-Dame de Lorette.

*Poissonnière* (rue et faubourg) continuent la rue Montorgueil, qui part des Halles, et aboutissent au boulevard Barbès.

*Quatre-Septembre*, de l'Opéra à la Bourse.

*Rambuteau*, des Halles à la rue du Temple, fait

suite à la rue des Francs-Bourgeois qui mène au boulevard Beaumarchais.

*Réaumur*, du Temple à la Bourse.

*Richelieu*, de la rue Saint-Honoré au boulevard des Italiens.—(Théâtre-Français, fontaine Molière, square Louvois, Bibliothèque Nationale.

*Rivoli*, de l'église Saint-Paul, à la Concorde. De son commencement on aperçoit la colonne de la Bastille; sur son parcours : église Saint-Gervais, caserne Lobau; Hôtel-de-Ville ; tour Saint-Jacques; le Louvre. A partir de ce point, les maisons du côté droit ont des façades uniformes avec arcades; le côté gauche est bordé par le jardin des Tuileries. Elle a 2 950 mètres de longueur.

*Royale*, de la Concorde à la Madeleine. Plantations d'arbres; riches boutiques; belles façades (ministère de la Marine).

*Saint-Antoine* (rue et faubourg), de la place de la Nation à l'église Saint-Paul, font suite à la rue de Rivoli. Dans le faubourg, ébénistes et fabricants de meubles, hospices, etc.

*Saint-Denis* (rue et faubourg), du Châtelet à la Chapelle, très commerçante : mercerie, fleurs, etc.

*Saint-Honoré* (rue et faubourg), des Halles aux Ternes.

*Saint-Martin* (rue et faubourg), de l'Hôtel de Ville à la Villette. — Commerce de rouennerie, quincaillerie, articles de Paris. — Conservatoire des Arts et Métiers.

*Temple* (rue et faubourg), de l'Hôtel de Ville à Belleville. — Batteurs d'or, bijouterie, bimbeloterie;

porte-monnaie, droguerie, etc. (marché du Temple, halle aux habits).

*Turbigo*, des Halles à la place de la République ; belles façades ; très vivante (école Turgot).

*Turenne*, de la rue Saint-Antoine à la rue Charlot (bronzes d'art).

*Vivienne*, du Palais-Royal au boulevard Montmartre : Bibliothèque, la Bourse, superbes passages. — Tapis, modes, musique, etc.

### SUR LA RIVE GAUCHE

Les rues :

*Bonaparte*, de l'Abbaye à la rue d'Assas (Saint-Sulpice, Luxembourg). — Imagerie, saintetés, ornements d'église, librairie religieuse.

*Du Bac*, du quai d'Orsay à la rue de Sèvres. — Grands magasins du Bon Marché et du Petit Saint-Thomas. — Très commerçante.

*Des Ecoles*, du boulevard Saint-Michel à la Halle aux Vins. (Sorbonne, Collège de France.)

*Gay-Lussac*, du Luxembourg à la rue Claude-Bernard, qui aboutit à l'avenue des Gobelins.

*De Lille*, de la rue des Saints-Pères à la Chambre des députés.

*Médicis*, de l'Odéon au boulevard Saint-Michel (jardin du Luxembourg).

*Monge*, de la place Maubert aux Gobelins (square).

*De Rennes*, de la gare Montparnasse à Saint-Germain des Prés. — C'est un vrai boulevard, qui doit être continué jusqu'à la Seine.

*Des Saints-Pères,* du quai Voltaire au carrefour de la Croix-Rouge (hôpital de la Charité, Ponts et chaussées, Académie de médecine, Librairie).

*De Seine,* de l'Institut à la rue Saint-Sulpice, se continue par la rue de Tournon, conduisant au palais du Luxembourg.

Parmi les grandes artères de la rive gauche, on cite encore : la chaussée du Maine, et les rues du Cherche - Midi, de Sèvres, que continue la rue Lecourbe ; de l'Université, qui fait avec la rue Jacob la traversée de la rue de Seine au Champ de Mars ; la rue de Grenelle (Ministères, Archevêché) ; enfin la rue de Vaugirard, qui va de l'Odéon à la porte de Versailles : c'est une des plus longues de Paris, mais elle n'est intéressante que jusqu'à la rue de Rennes.

Pour les autres de l'intérieur et des quartiers excentriques, consulter notre Plan.

## PASSAGES

Nous ne parlerons pas des nombreuses allées couvertes où l'on s'abrite en temps de pluie, et qui, communiquant d'une rue à l'autre, abrègent le chemin ; mais de ces splendides galeries où brillent aux vitrines de riches magasins, féeriquement illuminés le soir, tout ce que les glaces, bijoux, marqueterie, bimbeloterie, jouets, etc., ont de plus merveilleux ; les plus remarquables sont les passages :

Des *Panoramas, Jouffroy* et *Verdeau,* boulevard et faubourg Montmartre ;

Des *Princes* et de *l'Opéra*, boulevard des Italiens ;

*Vivienne* et *Colbert*, rue Vivienne ;

*Véro-Dodat*, rue du Bouloi ;

*Delorme*, rue Saint-Honoré ;

*Choiseul*, rue de Choiseul (tableaux, librairie, théâtre des Bouffes-Parisiens) ;

Du *Saumon*, rue Montmartre ;

Du *Grand-Cerf*, rue Saint-Denis ;

La *galerie d'Orléans*, au Palais-Royal.

Ajoutons : les passages Béranger, du Caire, de l'Ancre, du Havre et de la Madeleine ; les galeries de l'Odéon, qui entourent le théâtre et où s'étalent toutes les nouveautés littéraires, scientifiques, musicales, etc.

## PLACES

*Abbaye* (de l').— Voyez *Saint-Germain des Prés*.

*Bastille* (de la). — Emplacement de la prison d'État, renversée par le peuple le 14 juillet 1789. Au milieu s'élève la colonne de Juillet (voyez ce mot).

*Bourse* (de la). — Elle entoure l'édifice de ce nom.

*Carrousel* (du). — Cette place fait suite au nouveau Louvre et s'étend jusqu'au square des Tuileries, près duquel se détache un arc de triomphe (voyez ce mot) entre les pavillons Turgot et Mollien ; et en avant du square du Louvre s'élève le monument érigé en l'honneur de Gambetta.

*Châtelet* (du), comprise entre le pont au Change, la Chambre des notaires, le Théâtre de Paris et celui du Châtelet. Au centre, s'élève la fontaine de la Victoire.

*Clichy* (de). — A la rencontre des boulevards des Batignolles et de Clichy. Statue du maréchal Moncey.

*Concorde* (de la). — Entre les Champs-Elysées et les Tuileries. Obélisque, fontaines monumentales, statues allégoriques des principales villes de France; celle de Strasbourg a été sculptée par Pradier.

*Daumesnil*. — Boulevard de Reuilly et avenue Daumesnil. Décorée de la fontaine aux lions, qui ornait la place du Château-d'Eau.

*Dauphine*. — Façade occidentale du Palais de Justice.

*Denfert-Rochereau*. — Au carrefour des boulevards Saint-Jacques, Arago, d'Enfer, etc. (Voyez *statue du Lion de Belfort*.)

*Etats-Unis* (des). — Avenue d'Iéna. Réduction de la statue colossale de Bartholdi, la « Liberté éclairant le monde », qui sera transportée à la pointe de l'île aux Cygnes.

*Etoile* (de l'). — Voyez *Arc de Triomphe*.

*Europe* (de l'). — Sa partie centrale est formée par le tablier d'un pont de fer gigantesque qui passe sur la voie du chemin de fer de l'Ouest (gare Saint-Lazare).

*François I$^{er}$*. — Voyez *Fontaines*.

*Grève* (de) ou de l'*Hôtel-de-Ville*. — Cette place évoque les souvenirs lugubres des bûchers et échafauds où furent exécutés les grands criminels Ravaillac, Damiens, Cartouche, et aussi d'innocentes victimes des haines politiques.

*Italie* (d'). — Devant la mairie du treizième arrondissement (quartier des Gobelins). Vaste bassin entouré d'un square.

*Ledru-Rollin* (Ancienne place Voltaire). — Devant la mairie du onzième arrondissement. Statue de Ledru-Rollin.

*Louvois* ou *Richelieu*. — En face la Bibliothèque nationale, rue de Richelieu. Joli square et belle fontaine.

*Louvre* (du). Du quai du Louvre à la rue de Rivoli ; d'un côté Saint-Germain l'Auxerrois, de l'autre la colonnade du Louvre.

*Madeleine* (de la). — Autour de l'église de ce nom.

*Malesherbes*. — Formée par la rencontre de l'avenue de Villiers et du boulevard Malesherbes. Arbustes, pelouses, bassins, statue d'Alexandre Dumas.

*Maubert*. — Boulevard Saint-Germain (rive gauche), à l'intersection de la rue Monge. Souvenir des mystères du vieux Paris. Statue d'Etienne Dolet.

*Monge*. — Rue Monge. Statue de Louis Blanc.

*Nation* (de la) ancienne *place du Trône,* d'où partent neuf boulevards. — Deux *colonnes* portent les statues de Philippe-Auguste et de saint Louis ; au centre, vaste bassin et fontaine où s'élèvera le groupe du Triomphe de la République. Ecole municipale Arago.

*Notre-Dame*. — Au chevet de la Cathédrale. Square, fontaine, bassins, statues allégoriques.

*Opéra* (de l'). — Devant le théâtre de ce nom. Forme un quadrilatère traversé par le boulevard des Capucines, et où aboutissent les rues de la Paix, du Quatre-Septembre, etc.

*Palais-Bourbon* (du). — Devant la cour d'honneur de la Chambre des députés. Statue de la Loi.

*Palais-Royal* (du). — Entre le Louvre et le Palais-Royal.

*Panthéon* (du). — Le Panthéon, la mairie du V$^e$ arrondissement, la bibliothèque Sainte-Geneviève, Saint-Etienne du Mont, etc. Statue de Jean-Jacques-Rousseau.

*Parvis* (du). — Entre Notre-Dame, l'Hôtel-Dieu et la Préfecture. Groupe équestre de Charlemagne.

*République* (de la). — Ancienne place du *Château-d'Eau*. Colossale statue de la Liberté.

*Rivoli* (de). — A l'entrée de la rue des Pyramides. Statue de Jeanne d'Arc.

*Royale* (Voy. place des *Vosges*.)

*Saint-Georges*. — Fontaine jaillissante. Hôtel Thiers.

*Saint-Germain-des-Prés* ou de l'*Abbaye*. — Devant l'église, au croisement du boulevard Saint-Germain et de la rue de Rennes. Statue de Diderot.

*Saint-Michel*. — A l'entrée du boulevard, près du

pont. Fontaine monumentale : l'archange terrassant Satan.

*Saint-Sulpice*. — Entre l'église et la mairie du VIe arrondissement. Belle fontaine avec statues.

*Théâtre-Français* (du). — Au carrefour formé par l'avenue de l'Opéra et les rues Saint-Honoré et de Richelieu. Fontaines et statues.

*Trocadéro* (du). — Sur le plateau, devant le Palais; au centre, superbe bassin avec jet d'eau.

*Trône* (du). — (Voy. place de la *Nation*.)

*Vendôme*. — Au centre de la rue de la Paix, célèbre par la colonne de Napoléon Ier. (Voy. *Colonne*.

*Victoires* (des). — Entre les rues Etienne-Marcel, d'Aboukir et Croix-des-Petits-Champs. Statue équestre de Louis XIV.

*Vintimille*. — Charmant petit square orné de la statue de Berlioz.

*Voltaire*. — (Voy. *Ledru-Rollin*).

*Vosges* (des) ou *place Royale*. — Sur l'emplacement du palais des Tournelles; entourée de maisons à galeries couvertes, du temps de Henri IV. Statue équestre de Louis XIII, en marbre.

*Walhubert* (square). — A l'entrée du Jardin des Plantes. Pont d'Austerlitz, gare d'Orléans, boulevard de l'Hôpital.

## SQUARES

Ornés de fleurs, de statues, de fontaines, d'ar=

bustes et de verdure, ces jolis jardins, merveilleusement entretenus, sont ouverts toute la journée au public, et même dans les soirées d'été.

Voici les principaux :

*Square d'Anvers.* — Avenue Trudaine, boulevard Rochechouart. Statues de Sedaine et de Diderot, par Lecointe. Colonne surmontée d'une figure allégorique, par Coutan.

*Square des Arts-et-Métiers.* — Entre la rue Saint-Martin et le boulevard Sébastopol (superficie 4 650 mètres; entouré d'une élégante balustrade en pierre dure.

Parterres, jets d'eau et jolie statue de la Victoire; théâtre de la Gaîté.

*Square des Batignolles* (14 300 mètres). — Le Belluaire, statue par Ferr Paravy.

*Square de l'Hôtel-de-Ville* (sur le quai). — Statue équestre d'Etienne Marcel, ancien prévôt des marchands.

*Square des Innocents.* — A gauche des Halles centrales, du côté de la rue Saint-Denis.

C'est dans ce square qu'a été transportée, pierre à pierre, la célèbre fontaine de Jean Goujon,

*Square des Invalides*, à gauche de la cour des Invalides. — Un « ancêtre », statue de Massoule.

*Square Lamartine*, près de la Muette. — Statue du poète, par Marquet.

*Square Latour-Maubourg*, à droite de la cour des Invalides. — L'Age d'or, statue en bronze, par Delhomme.

*Square Louvois*, rue de Richelieu, en face de

la Bibliothèque nationale, sur l'emplacement de l'ancien Opéra, aux portes duquel fut assassiné le

Pavillon de la Tunisie (cour intérieure).

duc de Berry, le 13 février 1820. — Jardin en miniature, orné d'une gracieuse fontaine, de Visconti.

*Square de la Mairie*, devant l'hôpital de Ménilmontant. — L'Aveugle et le Paralytique, statue en bronze, par G. Michel.

*Square des Ménages*, rue de Sèvres et rue de Babylone. — Le Sommeil, groupe en marbre, par M. Moreau; vases décoratifs.

*Square Monge* ou *des Écoles*. — Statues de Voltaire, de François Villon, Pierre de Viole et Aubry. Fontaine dite de Childebert.

*Square Montholon*, rue Lafayette. — Monnaie de Singe, statue en bronze, par Rolard; trois groupes d'enfants, par C. Vignon.

*Square de Montrouge*, devant la mairie du XIVe arrondissement. — Un Lion attaquant un cheval, groupe en bronze, par Fratri; Paysanne d'Auvergne, par Monbur; la République, buste, par Boffier; l'Éclaireur, bronze, par Steuer.

*Square Parmentier*. — Groupe en bronze par Pezieux : *Non omnes moriemur*.

*Square Sainte-Clotilde*, devant l'église. — L'Éducation, groupe en marbre, par Delaplanche.

*Square Saint-Germain-des-Prés*. — Bernard Palissy, reproduction en bronze de la statue de Barrias.

*Square Saint-Jacques*. — Au milieu s'élève l'ancienne tour Saint-Jacques, ornée de la statue de Pascal, par Clavelier; dans les massifs : la Porteuse de pain, bronze, par J. Coutan; Cyparisse, par H. Plé; Ricochet, par V. Cornu. La tour, restaurée de nos jours, est décorée de nombreuses statues allégoriques. Observatoire d'études physiques.

*Square du Temple*. — Ancien emplacement de la prison où furent enfermés Louis XVI et Marie-Antoinette. (Superficie 7 200 mètres carrés.)

Riches plantations ; une cascade en miniature, s'échappant d'un rocher factice, alimente un petit lac.

Statue de Béranger, le populaire chansonnier ; le Harponneur, par F. Richard ; le Rétiaire, par Noël ; « Cet âge est sans pitié », par Schœneverck, enrichissent aussi les pelouses. Le saule pleureur qui ombrage la cascade a, dit-on, près de 400 ans.

*Square de la Trinité*, devant l'église. — Trois superbes fontaines surmontées de la Foi, l'Espérance et la Charité, par Lequesne, d'après Duret.

*Square Vintimille*. — Statue de Berlioz, en bronze, par A. Lenoir.

Ajoutons, comme complément, les squares de : Belleville, Delaborde, Grenelle, Vaugirard, Saint-Pierre, Charonne, etc.

Un nouveau square est projeté entre les rues Monge et Linné pour encadrer les ruines des arènes de Lutèce, découvertes en 1870.

## FONTAINES

On cite comme remarquables les :

*Fontaine de l'Arbre-Sec*, à l'angle de la rue Saint-Honoré, construite par Soufflot en 1775.

*Fontaine des Arts-et-Métiers*, rue Saint-Martin, à l'angle du Conservatoire et de la rue du Vertbois.

*Fontaines de la Concorde*. — Superbes vasques à jets d'eau peuplées de tritons et de sirènes en bronze.

*Fontaine Crozatier* (rue de Charenton). — Bassin en granit à deux vasques superposées.

*Fontaine Cuvier*, rue Linné, près de l'entrée du Jardin des Plantes. — L'Histoire naturelle, statue, entourée d'animaux allégoriques.

*Fontaine Gaillon*. — Le Génie et le Dauphin, groupe sculpté par Visconti.

*Fontaine de Grenelle*, dans la rue de ce nom, une des plus belles de Paris, élevée par Bouchardon en 1739. — Superbe hémicycle aux pilastres ioniens. La Ville de Paris ayant à ses pieds la Seine et la Marne; les quatre Saisons, logées dans d'élégantes niches, bas-reliefs, etc.

*Fontaine des Innocents*, rue Saint-Denis, près des Halles. — Construite en 1550, par Jean Goujon, sur le plan de Pierre Lescot, au milieu de la halle aux fruits, elle a été transportée, pierre par pierre, au milieu du nouveau square.

*Fontaine Louvois*, place et square Louvois et rue Richelieu. — Gracieux monument, élevé en 1830, par Visconti. La Seine, la Saône, la Loire, la Garonne y sont représentées par quatre charmantes statues qui supportent la vasque supérieure.

*Fontaine de Médicis*, devant l'entrée du Luxembourg en face du Panthéon. Triton et Néréide, par Crauk.

*Fontaine Molière*, rue Richelieu et rue Molière. — Elevée par souscription nationale à la mémoire du grand comédien, en face de la maison où mourut Molière; on y lit l'inscription suivante : A Molière, né à Paris le 15 janvier 1622, mort à Paris le 17 février 1673.

La statue du poète est de Seurre, et les Muses qui l'entourent de Pradier.

*Fontaine Notre-Dame.* (Voyez *Place Notre-Dame.*)

*Fontaine de l'Observatoire,* dans le Luxembourg, célèbre par son Zodiaque, ses huit chevaux marins, ses tortues en bronze, et son groupe des Quatre Parties du monde, par Carpeaux.

*Fontaine Richelieu.* (Voyez *Fontaine Molière.*)

*Fontaine Saint-Michel*, boulevard Saint-Michel, près du pont. — Belle fontaine, avec nappes, construite par Duret en 1860; colossale statue de saint Michel terrassant le démon. A la base deux dragons en bronze ailés vomissent de l'eau.

*Fontaine Saint-Sulpice.* — Construite en 1847, sur les dessins de Visconti. Bassin entouré de lions à jets d'eau; au milieu, un monument à quatre faces, ayant chacune assis dans une niche, Bossuet, Fénelon, Massillon et Fléchier.

*Fontaine de la Victoire,* appelée aussi *Fontaine du Palmier*, place du Châtelet. — Au milieu s'élève une colonne surmontée d'un génie tendant une couronne de chaque main; dans le bas, la Loi, la Force, la Vigilance et la Fidélité, statues allégoriques de Bosio. Erigée en 1807, à quelques mètres plus loin, cette colonne fut, en 1860, transportée d'un seul bloc à sa place actuelle, et augmentée d'un soubassement à doubles vasques décorées de quatre sphinx.

## Fontaines Wallace

Sur les principales voies publiques fréquentées

par la classe ouvrière, s'élèvent de coquettes fontaines, les unes à cariatides, verticales, avec un filet d'eau perpétuel, tombant de la coupole, et qu'on reçoit dans des gobelets étamés ; les autres murales. Les cinquante premières ont été offertes à la Ville par sir Richard Wallace.

Un grand nombre de bornes-fontaines sont établies principalement dans les squares.

## PUITS ARTÉSIENS, AQUEDUCS, ETC.

Celui de *Grenelle*, foré par Mulot (1833 à 1841), sur la place de Breteuil, a près de 550 mètres de profondeur.

Celui de *Passy* (1855-1861) a 3 mètres d'ouverture et une profondeur de 586 mètres.

Deux autres sont en construction place Hébert et Butte-aux-Cailles.

L'*aqueduc d'Arcueil* (fondé en 360 par l'empereur Julien) a été reconstruit sous la régence de Marie de Médicis.

L'*aqueduc de la Vanne* se déverse dans le vaste réservoir de Montsouris.

Les *pompes de Chaillot* et l'*usine Saint-Maur* servent aussi à l'aménagement des eaux potables dans les divers quartiers.

## ARCS DE TRIOMPHE
### COLONNES HISTORIQUES, PORTES MONUMENTALES
### TOURS, ETC.

*Arc de triomphe de l'Etoile*. — Cet arc, élevé à la

gloire des armées françaises en 1806, n'a été terminé que sous le règne de Louis-Philippe et a coûté 9 millions. Orné de sculptures et de bas-reliefs magnifiques.

Le massif de l'Est, qui regarde les Tuileries, représente le Départ (1792), de Rude.

Celui du Sud, le triomphe par Cortot.

Du côté de Neuilly, le groupe de droite représente la Résistance (1814), et celui de gauche la Paix (1815), sculptées par Etex.

Le quadrige de Falguières, qui surmonte la plateforme, doit être remplacé.

Pendant la journée et la nuit du 31 mai 1885, le cercueil renfermant la dépouille mortelle de Victor Hugo fut solennellement exposé sous l'Arc de triomphe.

Des escaliers donnent accès dans de grandes salles intérieures, ainsi qu'à la terrasse supérieure d'où l'on jouit d'une superbe vue. — S'adresser au gardien, de 10 heures à 4 heures (pourboire).

*Arc de triomphe du Carrousel.* — Elevé en 1806 sur le modèle de celui de Septime-Sévère à Rome, cet arc est surmonté d'un char en bronze traîné par quatre chevaux, sur le modèle de ceux qui avaient été enlevés à la République de Venise.

*Porte Saint-Martin*, sur le boulevard. — Ornée de quatre beaux bas-reliefs, elle fut élevée en 1674, par Pierre Bullet, pour consacrer la conquête de la Franche-Comté et la défaite des Allemands par Louis XIV.

*Porte Saint-Denis.* — Ce monument a été élevé en 1672, par François Blondel, à la gloire de Louis XIV.

*Tour Saint-Jacques*, rue de Rivoli (voyez *Squares*). — Il faut, pour monter sur la tour, une autorisation facile à obtenir, de 11 heures à 3 heures, à l'Hôtel de Ville, direction des travaux ; se faire ouvrir par le gardien (pourboire).

*Tour de Jean sans Peur*, rue Etienne Marcel. — Cette tour à créneaux, avec baies en ogives, faisait partie de l'ancien hôtel de Bourgogne, où furent joués nos premiers chefs-d'œuvre dramatiques (1548). Pour visiter, s'adresser sur le derrière, rue Tiquetonne, 23.

*Tour Eiffel*. — Cette merveille de l'Exposition de 1889 est restée au Champ de Mars comme un échantillon de ce que peuvent le travail et l'industrie. Elle s'élève à 300 mètres, la plus grande hauteur qu'aucun monument ait atteint jusqu'à ce jour. Au sommet est installé un observatoire scientifique. On y accède par un ascenseur.

*L'obélisque de Louqsor*, dit *Aiguille de Cléopâtre*, au centre de la place de la Concorde. — Erigé en 1836 par l'architecte Lebas, ce monolithe de granit rose, provenant des ruines de Thèbes, est un cadeau du vice-roi d'Egypte, Méhémet-Ali ; son fût mesure près de 23 mètres et pèse 250 000 kilogrammes. Il est couvert d'hiéroglyphes.

*Colonne de Juillet*, sur l'emplacement même de la Bastille. Cette colonne, érigée en 1831, a été inaugurée en 1840. Là reposent les victimes de 1830, mortes pour la Liberté. Les noms des héros sont inscrits en lettres d'or sur la colonne.

Pour monter au sommet et visiter les caveaux, s'adresser au gardien de 10 heures à 4 heures du soir. Pourboire.

*Colonne Vendôme*, place Vendôme et rue de la Paix. Elevée à la gloire des armées françaises ; elle fut fondue (1806-1810) avec le bronze provenant de 1 200 canons enlevés aux armées russes, prussiennes et autrichiennes. Faite sur le modèle de la colonne Trajane de Rome, elle mesure 44 m. 20 de hauteur et 4 mètres de diamètre. La statue de Napoléon I$^{er}$, en costume d'empereur romain, la surmonte.

La statue primitive, représentant l'empereur en redingote et petit chapeau légendaire, a été transportée à Courbevoie.

274 plaques de bronze en bas-reliefs, appliquées sur une colonne de pierre, représentent la campagne de 1805.

Renversée pendant la Commune, en 1870, la colonne fut rétablie avec les mêmes matériaux, d'après un vote de l'Assemblée nationale du 30 mai 1873.

On accède au sommet par un escalier à jour de 176 marches, moyennant un pourboire au gardien.

*Colonnes de la barrière du Trône.* Statues de Louis IX et de Philippe-Auguste.

## STATUES

On cite, parmi celles des personnages illustres et des grandes allégories :

*Alexandre Dumas père*, place Malesherbes.

*Béranger*, square du Temple.

*Berlioz*, place Vintimille.

*Bernard Palissy*, square Saint-Germain-des-Prés.

*Bichat*, cour de l'École de Médecine.

*Broca*, terre-plein du boulevard Saint-Germain et de la rue de l'École-de-Médecine.

*Budé*, fondateur du Collège de France, dans la cour du Collège.

*Charlemagne*, place du Parvis.

*Claude Bernard*, devant le Collège de France.

*D'Aguesseau*, à Auteuil. Figure aussi devant la Chambre des députés.

*Dante*, devant le Collège de France.

*Daubenton*, Jardin d'acclimatation.

*Daumesnil*, au château de Vincennes.

*Diderot*, place de l'Abbaye et square d'Anvers.

*Etienne Dolet*, place Maubert.

*Etienne Marcel*, square de l'Hôtel de Ville.

*Gambetta*, place du Carrousel.

*Haüy*, cour de l'Institut des aveugles.

*Henri IV*, sur le Pont-Neuf.

*Hoche*, rue de Rivoli, dans une des niches du Louvre.

*Jean-Jacques Rousseau*, place du Panthéon.

*Jeanne d'Arc*, place de Rivoli.

*Kléber*, rue de Rivoli, niche du Louvre.

*Lamartine*, place Lamartine, à Passy.

*Liberté éclairant le monde*, réduction de la gigantesque statue de Bartholdi, expédiée à New-York.

*Lion de Belfort*, place Denfert-Rochereau.

*La Loi*, derrière la Chambre des députés.

*Louis IX* et *Philippe-Auguste*, colonnes de la barrière du Trône.

*Larrey*, cour du Val-de-Grâce.

*Ledru-Rollin*, boulevard Voltaire.

*Louis Blanc*, place Monge.

*Louis XIII*, place Royale.

*Louis XIV*, place des Victoires.

*Malesherbes*, devant le Corps législatif.

*Michelet*, au Père-Lachaise.

*Marceau*, dans une des niches latérales du Louvre.

*Molière*, fontaine Molière.

*Moncey*, boulevard de Clichy.

*Napoléon I*[er], sur la colonne Vendôme.

*Ney*, carrefour de l'Observatoire, à l'endroit où il fut fusillé en 1815.

*Parmentier* et *Vauquelin*, École supérieure de pharmacie.

*Pascal*, en bas de la tour Saint-Jacques.

*Pinel*, place de la Salpêtrière.

*Prince Eugène*, jardin des Invalides.

*République*. — Sur la place de la République, la colossale statue des frères Morice, dont le piédestal est orné d'un lion en bronze défendant l'urne du suffrage universel, de bas-reliefs retraçant les principaux faits de la première, de la seconde et de la troisième République, et de statues figurant la Liberté, l'Egalité et la Fraternité.

On cite encore, devant l'Institut, la belle *République* en marbre de Soitoux.

*Sedaine*, square d'Anvers.

*Sergent Bobillot*, boulevard Voltaire.

*Sully*, devant le Corps législatif.

*Voltaire*, square Monge et quai Malaquais.

(Voir aussi aux *Places*, *Squares*, *Jardins*, *Parcs*, *Palais*, et surtout les *Musées*, les *Cimetières*, etc.)

## JARDINS ET PARCS

*Buttes Chaumont* (XIX<sup>e</sup> arrondissement), entre Belleville et la Villette. — Une des promenades les plus pittoresques et les plus fréquentées. Belvédère, pelouses, parc, lac et cascade.

Itinéraire : Faubourg Saint-Martin, omnibus de la Villette et de Belleville.

*Champs-Elysées*, de la place de la Concorde à la barrière de l'Etoile. — Cette immense et superbe avenue est la continuation naturelle des grands boulevards. Rendez-vous du grand monde et du petit monde.

Palais de l'Industrie, Jardin de Paris, Panoramas, Cirques, Bals, Concerts. Pour les enfants : Guignol et les voitures de chèvres. Splendides hôtels.

*Jardin du Luxembourg* (VI<sup>e</sup> arrondissement), du palais de ce nom jusqu'à l'Observatoire. — Œuvre de Jacques Debrosse. Belles statues des femmes célèbres de France. On remarque surtout, à gauche, après une pièce d'eau où s'ébattent canards et cygnes, la fontaine de Médicis, et, plus loin, après la rue Michelet et à l'extrémité de l'allée, la belle fontaine : les Quatre parties du Monde, de Carpeaux.

Omnibus Batignolles-Odéon, Courcelles ; tramway Est-Montrouge.

*Jardin du Palais-Royal* (I$^{er}$ arrondissement), derrière le palais. — Ses splendides galeries à arcades aux vitrines étincelantes d'or et de diamants, ses squares aux joyeuses plates-bandes, ses statues et son canon qui part tout seul à midi juste, y attirent en foule les promeneurs. (Voyez *Théâtre-Français* et *Théâtre du Palais-Royal*.)

Tous les omnibus, directement ou par correspondance.

*Jardin des Plantes* (V$^e$ arrondissement), place Walhubert, en face du pont d'Austerlitz. — Ouvert toute la journée au public, comme promenade. On y visite principalement :

La Ménagerie et ses fauves, tous les jours de 1 à 4 h.; ou intérieurement avec autorisation ;

Le palais des Singes ; la Faisanderie ; la Fauconnerie ;

Les Reptiles ; les galeries d'Anatomie comparée, de Zoologie, de Minéralogie, de Géologie et de Botanique.

Les Serres sont admirables ; le Labyrinthe, le Cèdre du Liban attirent aussi les curieux ; l'ours Martin surtout fait la joie des enfants.

Tramway de l'Alma à la gare de Lyon.

*Jardin des Tuileries* (Ier arrondissement), de la place des Tuileries à la Concorde. — Allées ombreuses, superbes bassins à jets d'eau ; tout un peuple de chefs-d'œuvres statuaires, parmi lesquels on cite : Flore et Zéphire, — Vénus à la colombe, — la Diane au carquois,— l'Apollon du Belvédère, — la Vénus de Médicis, — Enée portant son père Anchise, — Lucrèce et Collatin, — le Laocoon, — le Spartacus,— Périclès,— le Soldat de Marathon, — Phidias et le Rémouleur.

La terrasse des Feuillants, sur la rue de Rivoli, et celle du bord de l'eau, sur le quai, l'Orangerie surtout méritent une visite.

Tous les omnibus et tramways, directement ou avec correspondance.

*N. B.* — Le *Carrousel*, transformé pour l'Exposition de 1889, sera bientôt aussi une des charmantes promenades de Paris.

*Parcs du Champ de Mars et du Trocadéro.* — Ces deux charmants asiles se font face à chaque bout du pont d'Iéna.

Les bateaux.

*Parc Monceau* (VIIIe arrondissement), point d'aboutissement des boulevards Malesherbes, Courcelles, etc. — Ouvert toute la journée aux piétons et aux voitures. Grilles et colonnades magnifiques. Pyramide et grotte artificielle avec cascade miniature ; belle rotonde et jolies ruines de la naumachie.

Tramway de l'Etoile à la Villette ; omnibus Panthéon-Courcelles.

*Parc de Montsouris* (XIVe arrondissement), boulevard Jourdan, à deux minutes du tramway de Montrouge-gare de l'Est. — Joli parc, orné d'un

lac et de verdoyantes pelouses ; monument du colonel Flatters et un observatoire dit « Bardo ».
— Tramway Est-Montrouge.

Le *Parc de la Muette* et les *Serres de Paris*, à la porte du Bois de Boulogne, peuvent se visiter en s'adressant au gardien.
Omnibus Hôtel de Ville-Porte Maillot.

*Parc Saint-Fargeau*, tout en haut de la rue de Belleville, aux fortifications. — Charmant lac miniature. Bals le dimanche. Café-restaurant.
Omnibus des Arts-et-Métiers.

### EXTRA MUROS

*Jardin zoologique d'Acclimatation du Bois de Boulogne*, entre la porte de Madrid et celle des Sablons. — Une des curiosités à voir. Entrée : en semaine, 1 fr.; dimanches et fêtes, 50 cent.; avec voiture, 3 fr. Concerts l'été, les jeudis et dimanches à trois heures, sans augmentation de prix.

Ses serres, ses volières, sa ménagerie et son immense jardin en font une des attractions parisiennes. A l'intérieur, chemin de fer lilliputien.

Chemin de fer d'Ouest-ceinture jusqu'à la porte Maillot; omnibus et tramways divers avec correspondance.

*Bois de Boulogne*. — Cette promenade favorite des étrangers a une réputation européenne. Une foule continuelle de piétons et d'équipages sillonne ses belles avenues et ses allées ombreuses. Le pavillon chinois, les kiosques, les lacs, les cascades, Longchamps, Bagatelle, le Pré-Catelan, etc., sont connus de tous les touristes.

On peut s'y rendre à pied, en voiture ou par le chemin de fer d'Auteuil (Saint-Lazare).

*Bois de Vincennes.* — Comme le bois de Boulogne, il est remarquable par ses cascades, ses pelouses, ses massifs et ses belles pièces d'eau.

Moyen de transport : Tramway Louvre à Vincennes.

## MONUMENTS

(Jours et heures d'ouverture)

### TOUS LES JOURS

*Bibliothèques* (les dimanches exceptés), de 10 h. à 3 ou 4 h. (quelques-unes le soir).

*Eglises*, en général toute la journée.

*Château de Compiègne*, de 11 h. à 4 h.

*Château de Pierrefonds* (près Compiègne), de midi à 4 h.

*Ecole des Beaux-Arts* (les dimanches exceptés), de 10 h. à 4 h. (le samedi 3 h.), moyennant pourboire.

*Musée des Antiquités nationales*, à Saint-Germain (les lundis exceptés), de 11 h. 1/2 à 4 ou 5 h. (librement les dimanches, mardis et jeudis; avec carte les autres jours.

*Musée des Arts décoratifs* (1 fr. la semaine, 50 c. le dimanche), de 10 h. à 5 h.

*Palais de la Bourse* (les dimanches exceptés), de midi à 5 h.

*Palais des Invalides*, de midi à 3 ou 4 h.

*Palais de justice* (les dimanches exceptés), de 11 h. à 4 h.

*Palais de Fontainebleau*, de 11 h. à 4 h.

*Palais de Versailles*, les *Trianons* et le *Musée du Jeu de Paume* (les lundis exceptés) de midi à 4 h.

*Basilique de Saint-Denis* (tombeaux des rois de France), de 10 h. 1/2 à 5 ou 6 h.

*Manufacture de Porcelaines de Sèvres*, de midi à 4 ou 5 h. (les ateliers, les lundis, jeudis et samedis, avec permission).

*Parcs, Jardins, Squares et Cimetières* (ouverts du matin au soir).

*Chambre des Députés* (palais Bourbon) et *Sénat* (palais du Luxembourg), visibles les jours de séance (avec carte délivrée par un député, un sénateur ou par la questure). Pendant les vacances de 9 h. à 5 ou 6 h. (pourboire).

### DIMANCHE

*Archives nationales*, de midi à 3 h.

*Conservatoire des Arts et Métiers*, de 10 h. à 4 h.

*Galeries d'Anatomie, de Zoologie, de Minéralogie, de Géologie et de Botanique* (au Jardin des Plantes), de 11 h. à 3 h.

*Hôpitaux*, de 1 h. à 3 h.

*Musées du Louvre et du Luxembourg*, de 9 ou 10 h. à 4 ou 5 h. suivant la saison.

*Musée d'artillerie* (Invalides), de midi à 3 ou 4 h.

*Musée de Cluny*, de 11 h. à 4 ou 5 h.

*Musée de sculpture comparée* (Trocadéro), de 11 h. à 4 h.

*Musée Carnavalet*, de 11 h. à 4 h.

*Musée des Copies* (Ecole des Beaux-Arts), de midi à 4 h.

*Musée du Garde-Meuble*, de 10 h. à 4 h.

*Musée Ethnographique* (Trocadéro), de midi à 4 h.

*Panthéon*, de 10 h. à 4 h. (caveaux et dôme, de 1 h. à 3 h., pourboire).

*Sainte-Chapelle*, de midi à 4 h.

### LUNDI

*Musée du Conservatoire de musique*, de midi à 4 h. (avec autorisation).

*Salles souterraines du Louvre*, de 1 h. à 3 h. (avec carte).

*Tombeau de Napoléon I*$^{er}$ (Invalides), de midi à 3 ou 4 h.

### MARDI

*Bibliothèque nationale*, de 10 h. à 4 h.

*Cabinet des Médailles*, de 10 1/2 à 3 h. 1/2.

*Conservatoire des Arts et Métiers*, de 10 h. à 4 h.

*Galeries d'Anatomie et de Zoologie* (au Jardin des Plantes), de 11 h. à 3 h. (avec carte).

*Galeries de Minéralogie, de Géologie et de Botanique* (au Jardin des Plantes), de 11 h. à 4 h. (avec carte).

*Salle de Paléontologie* (au Jardin des Plantes), de 1 h. à 4 h. (avec carte).

*Hôtel des Monnaies* (musée et ateliers), de midi à 3 h. (avec autorisation).

*Musées du Louvre et du Luxembourg*, de 9 ou 10 h. à 4 ou 5 h.

*Musée d'Artillerie* (Invalides), de midi à 3 ou 4 h.

*Musée de Cluny*, de 11 h. à 4 ou 5 h.

*Musée de sculpture comparée* (Trocadéro), de 11 h. à 4 h.

*Musée ethnographique*, de midi à 4 h. (avec autorisation).

*Musée de Minéralogie et de Géologie* (Ecole des Mines), de 11 h. à 3 h.

*Panthéon*, de 10 h. à 4 h. (caveaux et dôme de 1 h. à 3 h., pourboire).

*Sainte-Chapelle*, de midi à 4 h.

*Tombeau de Napoléon I<sup>er</sup>* (Invalides), de midi à 3 ou 4 h.

### MERCREDI

*Musées du Louvre et du Luxembourg*, de 9 ou 10 h. à 4 ou 5 h.

*Musée de Cluny*, de 11 h. à 4 ou 5 h.

*Musée de sculpture comparée* (Trocadéro), de 11 h. à 4 h.

*Manufacture des Gobelins*, de 1 h. à 3 h.

*Panthéon*, de 10 h. à 4 h. (caveaux et dôme de 1 h. à 3 h., pourboire).

*Sainte-Chapelle*, de midi à 4 h.

### JEUDI

*Archives nationales*, de midi à 3 h. (avec autorisation).

*Conservatoire des Arts et Métiers*, de 10 h. à 4 h.

*Galeries d'Anatomie, de Zoologie, de Minéralogie, de Géologie et de Botanique* (au Jardin des Plantes), de 11 h. à 3 h.

*Hôpitaux*, de 1 à 3 h.

*Imprimerie nationale*, à 2 h. (avec autorisation).

*Musées du Louvre et du Luxembourg*, de 9 ou 10 h. à 4 ou 5 h.

*Musée Carnavalet*, de 11 h. à 4 h.

*Musée de Cluny*, de 11 h. à 4 ou 5 h.

*Musée d'Artillerie* (Invalides), de midi à 3 ou 4 h.

*Musée de sculpture comparée* (Trocadéro), de 11 h. à 4 h.

*Musée du Conservatoire de musique*, de midi à 4 h. (avec autorisation).

*Musée ethnographique*, de midi à 4 h.

*Musée du Garde-meuble*, de 10 h. à 4 h.

*Musées de Minéralogie et de Géologie* (Ecole des Mines), de 11 h. à 3 h.

*Panthéon*, de 10 h. à 4 h. (caveaux et dôme de 1 h. à 3 h., pourboire).

*Sainte-Chapelle*, de midi à 4 h.

*Tombeau de Napoléon I*ᵉʳ (Invalides), de midi à 3 h.

### VENDREDI

*Bibliothèque nationale*, de 10 h. à 4 h.

*Cabinet des Médailles*, de 10 h. 1/2 à 3 h. 1/2.

*Galeries d'Anatomie et de Zoologie* (au Jardin des Plantes), de 11 h. à 3 h. (avec carte).

*Galeries de Minéralogie, de Géologie et de Botanique* (au Jardin des Plantes), de 11 h. à 3 h. (avec carte).

*Hôtel des Monnaies* (musée et ateliers), de midi à 3 h. (avec carte).

*Musées du Louvre et du Luxembourg*, de 9 ou 10 h. à 4 ou 5 h.

*Musée de Cluny*, de 11 h. à 4 ou 5 h.

*Musée de sculpture comparée* (Trocadéro), de 11 h. à 4 h.

*Panthéon*, de 10 h. à 4 h. (caveaux et dôme de 1 h. à 3 h., pourboire).

*Tombeau de Napoléon I*ᵉʳ (Invalides), de midi à 3 ou 4 h.

### SAMEDI

*Galeries d'Anatomie et de Zoologie* (au Jardin des Plantes), de 11 h. à 3 h. (avec carte).

*Galeries de Minéralogie, de Géologie et de Botanique* (au Jardin des Plantes), de 11 h. à 4 h. (avec carte).

*Manufacture des Gobelins*, de 1 h. à 3 h.

*Musées du Louvre et du Luxembourg*, de 9 ou 10 h. à 4 ou 5 h.

*Musée de Cluny*, de 11 h. à 4 ou 5 h.

*Musées de Minéralogie et de Géologie* (Ecole des Mines), de 11 h. à 3 h.

*Musée de sculpture comparée* (Trocadéro), de 11 h. à 4 h.

*Panthéon*, de 10 h. à 4 h. (caveaux et dôme, de 1 h. à 3 h., pourboire).

*Sainte-Chapelle*, de midi à 4 h.

# PALAIS

*Palais de la Bourse*, rue Vivienne et place de la Bourse. — Tous les jours, excepté le dimanche, de midi à trois heures, pour les négociations de Bourse, et de trois heures à cinq heures, pour les opérations commerciales.

Dans les voussures de la salle principale, les admirables grisailles d'Abel de Pujol et de Meynier, qui imitent le bas-relief à s'y méprendre.

Tous les omnibus directement ou avec correspondance.

*Palais des Beaux-Arts*, rue Bonaparte, 14. — Gratuitement le dimanche, de midi à quatre heures. Les autres jours on peut le visiter, de dix heures à quatre heures (le samedi de dix heures à trois heures), moyennant pourboire, sous la conduite d'un gardien (s'adresser au concierge, en entrant à droite). — Exposition publique des grands prix de Rome, tous les ans, au mois d'août.

Parmi les chefs-d'œuvre qui enrichissent ce palais, on cite : nombreuses reliques d'architecture célèbres, l'amphithéâtre où figure le fameux *Hémi-*

La Pagode d'Angkor (Cambodge) (esplanade des Invalides)

*cycle* de Paul Delaroche, le monument à la mémoire d'Henri Regnault, le *Jugement dernier* copié de Michel-Ange, etc.

Omnibus : Nord-barrière du Maine.

*Palais du Corps législatif,* ou Chambre des députés, quai d'Orsay, en face de la place de la Concorde, et rue de l'Université.

Le palais occupé par la Chambre des députés est visible, les jours de séance, avec billet délivré par l'entremise d'un député ou sur demande écrite par le secrétaire de la questure (entrée par le quai, à droite du grand escalier). Pendant les vacances on peut visiter, sous la conduite d'un gardien, la salle des séances.

De superbes peintures décorent les plafonds et les panneaux des salles, nombreuses statues.

Tramway : Alma-Bastille et Alma-Lyon.

*Palais de l'Élysée.* — C'est un des plus riches et des plus gracieux monuments de Paris; il s'étend de la rue du Faubourg-Saint-Honoré à l'avenue Gabriel, et forme, avec son immense jardin, un vaste parallélogramme isolé de quatre côtés.

Depuis qu'il est devenu la résidence officielle du Président de la République, le public n'est plus admis à le visiter.

*Palais de l'Hôtel des Postes.* — Entre les rues du Louvre, Etienne-Marcel, Gutenberg et Jean-Jacques-Rousseau. — Ce vaste édifice, qui n'a aucune prétention architecturale, est remarquable par son aménagement et sa distribution intérieurs.

*Palais de l'Hôtel de Ville.* — Vaste et beau monument, œuvre des architectes Ballu et de Perthes. Façade et décorations intérieures superbes. S'il n'est pas à proprement parler ouvert aux visiteurs, comme il renferme des services publics, on peut y pénétrer et visiter ses trois belles cours, remarquables par la richesse de leur ornementation.

*Palais de l'Industrie*, carré Marigny, aux Champs-Elysées. — Ouvert au public pendant les expositions annuelles et partielles.

Le palais de l'Industrie, ce vaste quadrilatère, long de 250 mètres sur 110 mètres, couvre une superficie de 32 000 mètres.

Une statue colossale de la France distribuant des couronnes domine la façade.

Le pavillon Sud est provisoirement réservé au Musée des Arts décoratifs.

Derrière l'aile droite, s'élève le pavillon de la Ville de Paris. Cette construction en fer et briques sert à de nombreuses expositions.

*Palais de l'Institut*, quai Conti, 21, en face du pont des Arts. — Tous les jours, de onze heures à une heure, excepté le dimanche. (S'adresser au concierge.)

*Palais des Invalides*, Esplanade. — Tous les jours, de midi à trois heures en hiver, et quatre heures en été. Le dimanche à midi, messe militaire dans l'église Saint-Louis.

Le Tombeau de l'Empereur, visible les lundis, mardis, jeudis et vendredis (jours de fête exceptés), de midi à trois heures en hiver, et quatre heures en été.

Le Musée d'artillerie, les mardis, jeudis et dimanches de midi à trois heures en hiver, et quatre heures en été. (Voyez *Musées*.)

L'Hôtel des Invalides, célèbre par son dôme doré, a été construit par Louis XIV pour loger, nourrir, chauffer et habiller, aux frais de l'État, 5 000 vétérans.

La cour d'honneur, les réfectoires, les cuisines,

les dortoirs, la bibliothèque, la chambre du conseil, décorée de nombreux portraits historiques, et le plan en relief des places fortes sont vraiment curieux à voir ; ce dernier n'est visible que du 1er mai au 15 juin, avec autorisation.

L'église Saint-Louis n'est remarquable que par sa voûte où sont suspendus les drapeaux conquis sur l'ennemi. Ses orgues sont aussi très belles.

Les canons et les jardinets des Invalides forment, sur l'Esplanade, un coup d'œil pittoresque.

Omnibus : Porte Saint-Martin-Grenelle, Place de la République-Champ de Mars.

*Palais de justice*, boulevard du Palais (Cité). — Ouvert tous les jours, excepté les dimanches et fêtes.

Pour visiter la Conciergerie et les cuisines de saint Louis, il faut adresser une demande au préfet de police. On y voit le cachot de Marie-Antoinette, transformé en chapelle expiatoire.

Remarquer la magnifique façade avec grille dorée, le pavillon de l'Horloge, et sur le quai les tours de la Conciergerie.

Dans la grande cour s'élève la Sainte-Chapelle (voyez Églises).

Tramway : Est-Montrouge et La Chapelle-Monge.

*Palais de la Légion d'Honneur*, quai d'Orsay. — Brûlé sous la Commune (1871), il a été reconstruit tel qu'il était au moyen de souscriptions des membres de l'ordre.

*Palais du Louvre*, du quai du Louvre au pont Royal. — La colonnade, merveille d'architecture, et qui fait face à la nouvelle tour Saint-Germain l'Auxerrois, est le chef-d'œuvre de Perrault.

De jolis parterres aux grilles élégantes, ouverts toute la journée, permettent de faire le tour du monument.

La cour du vieux Louvre, œuvre de Pierre Lescot et de Jean Goujon, se compose de quatre façades formant un carré parfait et comprenant un rez-de-chaussée, un premier étage et un attique, où sont les nombreuses salles de sculpture et de peinture. (Voyez *Musées*.)

En sortant de la cour du Louvre, sous le pavillon de l'Horloge, on arrive sur une place ornée de deux squares, et entourée de six pavillons richement décorés dont l'ensemble forme ce qu'on appelle le nouveau Louvre.

Grand nombre d'omnibus et tramways passent ou stationnent devant la colonnade. D'autres amènent au Louvre par le Palais-Royal, la rue des Tuileries, etc.

*Palais du Luxembourg*, au Luxembourg. — Occupé par le Sénat, n'est ouvert que les jours de séance, ou pendant les vacances, aux personnes munies de billets délivrés (sur demande écrite) par le secrétaire de la questure.

Pour le jardin et le musée (voyez ces mots).

Omnibus : Batignolles-Odéon, Courcelles-Panthéon.

*Palais de la Monnaie*, quai Conti. — Visible les mardis et vendredis, de midi à 3 heures, avec une autorisation du directeur. (Voyez *Musées*.)

Omnibus : Nord-Montparnasse.

*Palais-Royal*, place du Palais-Royal. — Le palais lui-même, à l'élégante façade à colonnes, est occupé par le Conseil d'Etat et n'est plus visible à l'intérieur. (Voyez *Jardins*.)

*Palais des Thermes* et *Hôtel de Cluny*, boulevard Saint-Germain, boulevard Saint-Michel et rue du Sommerard.— Sur l'emplacement des bains romains, construits dans Lutèce par Julien l'Apostat (350); leurs belles ruines, entourées d'un square sont adossées à l'édifice de l'ancien cloître des moines de Cluny, érigé sous Louis XI. (Voyez *Musées*).

*Palais du Trocadéro*. — Le palais du Trocadéro, élevé lors de l'Exposition de 1878, est l'œuvre des habiles architectes Davioud et Bourdais. Bâti en amphithéâtre, il se compose d'un édifice central, construit en rotonde avec colonnade, surmonté d'une statue de la Renommée par Mercier et de deux galeries en hémicycle soudées et reliées à la partie centrale par deux tours et des pavillons. La grande salle des Fêtes, où se donnent des concerts, peut contenir 400 musiciens, et 4 500 personnes (orgue colossal).

Pour monter dans les tours par les deux ascenseurs : prix 1 fr.

Le Parc et les Musées (voyez ces mots).

## LE PANTHÉON

Ayant la rue Soufflot comme avenue et faisant face au Luxembourg, cet imposant édifice, dont l'architecture grandiose rappelle Saint-Pierre de Rome, fut tour à tour église, sous le vocable de Sainte-Geneviève et temple de la Gloire.

*Le Dôme*. — On peut monter sans crainte à la

coupole. De cette hauteur, la vue est grandiose.
(S'adresser au gardien, dans le transept de gauche.)

*La Crypte.* — On vous montre, dans divers caveaux soutenus par des piliers de Pæstum, le tombeau de Soufflot, l'architecte du Panthéon, les tombeaux qui servirent jadis de sépulture à Rousseau, Voltaire, Marat et Mirabeau, ainsi que ceux de plusieurs savants et dignitaires du premier empire, Lagrange, Lannes, duc de Montebello, etc. En frappant sur une espèce de tambour, le gardien fait entendre un effet d'écho, imitant le tonnerre ou la canonnade.

En 1889, les cendres de Carnot, Hoche, Marceau et Baudin y ont rejoint celles du grand poète Victor Hugo. La façade, les transepts, le chœur, la coupole et les parois, sont ornés de remarquables peintures et statues. Visible tous les jours, excepté le lundi, de 10 heures à 4 heures.

## ÉGLISES

La plupart des nombreuses églises de Paris sont remarquables par leur beauté architecturale et les souvenirs historiques qu'elles évoquent.

Le public y est admis toute la journée jusqu'à quatre heures. Les dimanches et fêtes, à dix heures, grand'messe en musique, avec solos exécutés souvent par les premiers artistes de l'Opéra.

### Notre-Dame

Eglise cathédrale de Paris, ouverte dès six heures du matin.

Ce superbe monument de l'art gothique fut bâti vers 1163, sur les fondements de deux anciennes chapelles remontant au quatrième siècle; mais il ne fut achevé que deux cents ans après, sous le règne de Charles VII.

Sous la Terreur, il devint le temple de la Raison.

*Dimensions*. — Construite sur pilotis, Notre-Dame mesure : 135 mètres de longueur sur 48 de largeur. La hauteur de la nef est de 35 mètres; celle des tours dépasse 68 mètres. On y entre aujourd'hui de plain-pied; mais avant les exhaussements successifs du sol on y accédait par treize marches, qui augmentaient encore son aspect imposant.

*Façade*. — Elle comprend trois grands portiques élevés sous des voussures ogivales, les sculptures du portail représentent le Jugement dernier. L'ensemble forme trois galeries superposées.

A l'étage du milieu s'ouvre une rosace magnifique, haute de 11 mètres. Chaque face latérale est ornée d'une rosace plus petite surmontée de deux tours carrées du même modèle.

Au-dessous de la grande rosace, s'alignent vingt-huit niches contenant des statues de rois de France, depuis Childebert jusqu'à Philippe-Auguste; celles qui y avaient été placées au treizième siècle ont été mutilées en 1793.

Au-dessus, Adam et Ève et l'Adoration de la Vierge.

*Les tours*. — Trois cent soixante-huit marches conduisent à la plate-forme d'où l'on jouit d'un panorama magnifique.

Dans la tour du Midi, se trouve le bourdon de

deux mètres soixante centimètres de diamètre, pesant 16 000 kilogrammes ; le battant seul est du poids de 488 kilogrammes. Cette cloche, la plus grosse de France, fut baptisée en 1672 : Louis XIV en fut le parrain. On ne la sonne que dans les grandes solennités.

La tour renferme quatre autres cloches pour le service ordinaire.

La forêt, ou charpente en bois de châtaignier, supporte la couverture en plomb de l'édifice, pesant 210 120 kil.

*La flèche.* — Détruite en 1801, elle a été depuis reconstruite en bois de chêne recouvert de plomb, et s'élève, entre les deux tours, à 45 mètres de hauteur.

*Intérieur.* — Cinq nefs, aux voûtes en ogive, soutenues par vingt et un gros piliers, offrent par leur hardiesse un ensemble grandiose et imposant. Tout autour du premier étage de la nef principale et du chœur, s'étend une galerie servant de tribune, ornée de cent huit colonnettes formées chacune d'une seule pierre.

Trois rosaces et cent treize vitraux de couleur répandent dans tout l'édifice une clarté mystérieuse.

On remarque dans la nef centrale, une élégante chaire en cul-de-lampe, surmontée d'un baldaquin avec groupe d'anges.

*Le grand orgue,* avec ses quatre-vingt-six jeux et ses six mille tuyaux, est un des plus complets et des plus puissants que nous possédons. Œuvre remarquable de Cavaillé-Coll, il a été inauguré en 1868.

Dans les vingt-trois chapelles qui entourent le

chœur et la nef, se trouvent les tombeaux, mausolées et plaques funéraires en marbre des archevêques de Paris : de Beaumont, de Juigné, de Noailles, de Quélen, Affre, Sibour, Morlot et Darboy et autres personnages éminents.

Les plaques, portant en lettres d'or les listes des otages fusillés pendant la Commune en 1871, se voient dans le transept méridional. A droite, dans la quatrième chapelle du pourtour, on remarque un saint Georges en pierre terrassant le dragon, et les mausolées du cardinal Morlot et de l'archevêque Darboy.

*Chœur*. — De superbes grilles en fer doré entourent le chœur orné de belles sculptures sur bois de chêne, dues à la munificence de Louis XIV, dont la statue et celle de Louis XIII entourent le groupe en marbre blanc de Coustou : le Christ mort, avec six anges en bronze. Le tabernacle du maître-autel, inauguré en 1872, est resplendissant de dorures.

*Trésor*. — Au pourtour, à droite du chœur, visiter la sacristie du Chapitre, où, pour 50 centimes, on montre aux curieux : de riches reliquaires, croix, ostensoirs, vases sacrés ; le manteau du sacre de Napoléon I$^{er}$, divers ornements sacerdotaux, statuettes, bustes, etc., donnés par des rois ; et dans une armoire spéciale, les rochets et soutanes ensanglantés des archevêques Affre, Sibour et Darboy.

Dans le pourtour extérieur admirer l'imagerie en pierre, chef-d'œuvre du quatorzième siècle, représentant une série de sujets religieux sculptés avec art et entourés d'arcatures gothiques.

Le vendredi saint, de magnifiques reliquaires

contenant la couronne d'épines et un morceau du bois de la croix, rapportés de l'Orient par saint Louis, sont exposés à la vénération des fidèles.

*N. B.* — Le trésor est visible, tous les jours, exceptés les dimanches et fêtes, de dix heures et demie à quatre heures; s'adresser au suisse, en dedans de la grille du pourtour, à droite du chœur (prix 50 centimes).

Pour monter aux tours 20 c.; pour voir le bourdon et la cloche de Sébastopol, 20 c. en plus; s'adresser au dehors de l'église, à la gauche du portail.

*Square.* — Une riante promenade avec fontaine monumentale est établie derrière le chevet de Notre-Dame.

En face, sur le bord de l'eau, s'élève le bâtiment lugubre de la Morgue.

*La Sainte-Chapelle*, au Palais de Justice. — Ce joyau, le plus ancien et le plus précieux à Paris, de l'architecture gothique, fut construit par les ordres du roi saint Louis, sur les plans de Pierre de Montereau, pour conserver les reliques qu'il avait achetées de Beaudouin II, empereur de Constantinople, en 1244. La Sainte-Chapelle est visible gratuitement tous les jours, excepté les lundis et vendredis, de midi à quatre heures.

*La Madeleine*, en face de la rue Royale et de la place de la Concorde. — Édifice majestueux, bâti sur le modèle du temple de Jupiter, à Athènes. Tous les jours de 1 h. à 4 h., excepté les dimanches et jours de fête.

*Notre-Dame de Lorette*, à l'extrémité de la rue

Laffitte et rue de Châteaudun. — Elle a la forme d'une basilique romaine. A peine entré dans l'église, on est comme ébloui par l'éclat des dorures et des peintures dont beaucoup sont signées par des maîtres.

*Notre-Dame-des-Victoires* ou les *Petits-Pères*, place des Petits-Pères, près de la place des Victoires et de la Banque. — Dans le transept, à droite, la chapelle dédiée à Notre-Dame, est une des plus riches de Paris, par les *ex-voto* et les offrandes dus à la libéralité des fidèles.

Tombeau de Lulli, par Cotton.

*Saint-Augustin*, boulevard Malesherbes, au coin du boulevard Haussmann. — Œuvre de M. Victor Baltard. Son style affecte tous les modes d'architecture : le porche est du douzième siècle, le dôme du dix-septième, les campaniles du seizième. Les colonnes, les chapiteaux, les frontons sont à peu près de toutes les formes et de toutes les époques. Une immense crypte a été ménagée au-dessous de l'église.

*Sainte-Clotilde*, place de Bellechasse, rue Las-Cases (faubourg Saint-Germain). — On remarque ses trois portails en ogive, ses deux tours surmontées par une flèche (66 mètres), et sous la rose et les deux fenêtres une galerie sculptée à jour. Sa sonnerie est une des plus belles de Paris.

*Saint-Étienne du Mont*, place du Carré-Sainte-Geneviève, près du Panthéon. — Son portail, surmonté d'un fronton représentant la Résurrection (Debay), sa tour coquettement dressée, le jubé élégant qui sépare la nef du chœur et dont les sculptures sont de Biard père, et la galerie qui l'entoure, font de cette église un des monuments les plus intéressants et les plus gracieux.

Sa chaire, par Lestocart, est un chef-d'œuvre de sculpture en bois. Pascal et Lesueur y ont été inhumés.

C'est dans la deuxième chapelle du pourtour du chœur, remarquable par ses peintures relevées d'or, et son style gothique, que sont exposées à la vénération des fidèles la châsse et des reliques de sainte Geneviève.

*Saint-Eustache*, rue Montmartre, en face des Halles; portail et grande entrée, rue du Jour. — Vitraux, tableaux et sculptures de grand prix.

Ont été inhumés à Saint-Eustache les poètes Benserade et Voiture, l'amiral Tourville, le maréchal de la Feuillade, le fabuliste Jean de la Fontaine.

Les dimanches et jours de grandes fêtes, messe en musique et salut à trois heures.

*Saint-Gervais et Saint-Protais*, derrière l'Hôtel de Ville, près de la place Lobau. — Cette église, commencée au treizième siècle et terminée au quinzième, est remarquable à l'extérieur, par son portail avec fronton, composé d'ordres dorique, ionique et corinthien superposés. C'est l'œuvre de Jacques Debrosse, architecte renommé (1616).

Ce temple est rempli de richesses artistiques et de souvenirs historiques.

*Saint-Germain des Prés* ou *l'Abbaye*, place du même nom et rue Bonaparte. — Cette ancienne basilique, dont il ne reste plus aujourd'hui que la tour carrée dominant l'entrée de l'église, a été restaurée complètement depuis quelques années à l'intérieur, dans les styles byzantin et gothique.

Nombreux mausolées, statues et peintures murales. Les fresques de Flandrin méritent d'être vues.

*Saint-Germain l'Auxerrois*, rue du Louvre, en face de la colonnade du Louvre et près de la rue de Rivoli. — Sa façade n'étant pas parallèle à celle du Louvre, on a construit, à côté, une mairie où l'on a cherché à reproduire toutes les lignes de l'église, dans un style absolument différent. Entre ces deux édifices une tour gothique a été élevée; elle renferme un carillon de quarante-deux cloches.

La fondation de ce temple remonte au sixième siècle.

Divers événements politiques l'ont rendu célèbre. Dans la nuit de la Saint-Barthélemy (24 août 1572), les conjurés choisirent pour signal du massacre le son des matines de Saint-Germain l'Auxerrois.

A visiter.

*Saint-Merri*, rue Saint-Martin, 78. — Ancienne chapelle reconstruite et restaurée. Style ogival flamboyant, portail richement ornementé. A l'intérieur, chefs-d'œuvre de Vanloo et de Dubois; admirables vitraux de Pinaigrier (seizième siècle), et de belles peintures murales par Chasseriau, Amaury-Duval, Lehman, etc.

*Saint-Laurent*, boulevard de Strasbourg (à l'angle du boulevard Magenta) et faubourg Saint-Martin, près de la gare de l'Est. — Un des plus anciens édifices de Paris. Grégoire de Tours en parle dans son récit de l'inondation de Paris, en 593.

Rebâtie plusieurs fois, agrandie en 1548 et restaurée en 1622, elle a subi, de 1862 à 1866, une transformation complète.

Statues et peintures remarquables.

*Saint-Roch*, rue Saint-Honoré, près du jardin des Tuileries et du Palais-Royal. — Cette église, une des plus riches et des plus ornées de Paris, donne, les jours de fête, à 10 heures, des messes en musique où l'on entend les chanteurs et instrumentistes les plus distingués.

Tombeau de Corneille, monuments en marbre, statues et bustes de personnages célèbres.

On admire encore la statue de saint Roch (Coustou), la chaire, le Christ colossal, et l'orgue, chef-d'œuvre de Cliquot.

*Saint-Séverin*, près du boulevard Saint-Michel, rue Saint-Séverin (rive gauche). — A remplacé un oratoire du temps de Childebert (sixième siècle) qui fut détruit par les Normands.

Le portail de l'ancienne église de Saint-Pierre-aux-Bœufs a été accolé à sa façade occidentale, après la démolition de cette église en 1839. Une statue de la Vierge couronne cette façade.

Toutes les chapelles ont été décorées de peintures murales de MM. Flandrin (Hippolyte et Paul), Schnetz, Signol, Gérôme, Biennoury, Heim, Hesse, etc. Vitraux précieux des quinzième et seizième siècles.

*Saint-Sulpice*, près du Luxembourg (faubourg Saint-Germain). — Edifice aux proportions grandioses, commencé en 1646, sur les plans de Charles Gamard, achevé par l'habile architecte Servandoni (1749).

La façade principale, les deux portiques et les

tours sont de trois ordres : ionique, dorique et corinthien.

Toutes les chapelles resplendissent de peintures murales brossées par Delacroix, Heim, Hesse, Lafon, Pujol, Vinchon, etc.

La chaire, le baptistère, le maître-autel, etc., font l'admiration des connaisseurs.

*Saint-Thomas d'Aquin*, place de ce nom, près de la rue du Bac (faubourg Saint-Germain). — Façade style florentin, ordres ionique et dorique superposés; plafond peint par Lemoine, peintures murales de Blondel, saint Pierre et saint Paul sur fond d'or par Abel de Pujol.

*Sorbonne*, place de la Sorbonne, 13 et 15, en face du lycée Saint-Louis. — Bâtie par les ordres du cardinal de Richelieu (1643). Son fronton rappelle celui du Panthéon de Rome.

Les statues de Thomas d'Aquin, de Pierre Lombard, de Gerson et de Bossuet ornent la façade.

Le dôme, orné de peintures de Philippe de Champaigne, est entouré de quatre médaillons.

Tombeau de Richelieu par Girardon ; belles peintures murales.

*La Trinité*, rue Saint-Lazare, à l'extrémité de la rue de la Chaussée-d'Antin. — Inaugurée en 1867, cette œuvre de Ballu est un des monuments les mieux réussis du nouveau Paris.

La façade, composée d'un grand porche surmonté d'un étage percé d'une élégante rosace et d'un clocher très élevé, donne sur un jardin-square d'une superficie de 3,000 mètres.

Sous le chœur, une vaste crypte. Jolis vitraux.

# ÉGLISES

*Saint Vincent-de-Paul*, place de Lafayette et près de la gare du Nord. — Belle église, commencée en 1824 sur les plans de MM. Lepère et Hittorf, sur le type des basiliques latines, et inaugurée le 21 octobre 1844.

Le péristyle, auquel on accède par des rampes, est soutenu par douze colonnes ioniques cannelées. Sur le fronton, entre la Foi et la Charité, Lemaire a sculpté un saint Vincent de Paul magistral. Magnifiques vitraux de Maréchal et Grignon. Calvaire en bronze par Rude, un groupe de Carrier-Belleuse, superbe frise de Flandrin, etc.

*Val-de-Grâce* rue Saint-Jacques, 279 (riv. gauche). — Ce fut Louis XIV, âgé de sept ans, qui en posa la première pierre.

Le dôme rappelle Saint-Pierre de Rome, et la coupole a été peinte par Mignard.

Le Val-de-Grâce est aujourd'hui un hôpital militaire.

Nous citons pour mémoire, les églises suivantes, qui n'ont qu'un intérêt secondaire :

Arrond.
1 Assomption, rue Saint-Honoré.
4 Blancs-Manteaux, rue des Blancs-Manteaux.
11 Saint-Ambroise, rue Saint-Ambroise.
18 Saint-Bernard, rue Affre.
18 Saint-Denis, rue de la Chapelle.
3 Saint-Denis-du-Saint-Sacrement, rue Turenne.
12 Saint-Eloi, rue de Reuilly.
9 Saint-Eugène, rue Sainte-Cécile.
17 Saint-Ferdinand, avenue des Ternes.
3 Saint-François d'Assise, rue du Perche.
7 Saint-François-Xavier, boul. des Invalides.

20 Saint-Germain, rue de Bagnolet.
4 Saint-Gervais, rue François-Miron.
16 Saint-Honoré, place d'Eylau.
5 Saint-Jacques du-Haut-Pas, rue Saint-Jacques.
19 Saint-Jacques-Saint-Christhophe, r. de Crimée.
19 Saint-Jean-Baptiste, rue de Belleville.
11 Saint-Joseph, rue Saint-Maur.
5 St-Julien-le-Pauvre, rue St-Julien-le-Pauvre.
15 Saint-Lambert, rue Bausset.
1 Saint-Leu, rue Saint-Denis.
9 Saint-Louis d'Antin, rue Caumartin.
13 Saint-Marcel, boulevard de l'Hôpital.
10 Saint-Martin, rue des Marais.
5 Saint-Médard, rue Mouffetard.
17 Saint-Michel, rue Saint-Jean.
5 St-Nicolas-du-Chardonnet, rue St-Victor.
4 Saint-Paul-Saint-Louis, rue Saint-Antoine.
8 Saint-Philippe, faubourg Saint-Honoré,
18 Saint-Pierre (Montm.), rue du Mont-Cenis.
14 Saint-Pierre (Montrouge), avenue d'Orléans.
16 Saint-Pierre de Chaillot, rue de Chaillot.
7 St-Pierre du Gros-Caillou, r. St.-Dominique.
3 Sainte-Elisabeth, rue du Temple.
11 Sainte-Marguerite, rue Saint-Bernard.
17 Sainte-Marie, rue Legendre.
7 Missions étrangères, rue du Bac.
16 Notre-Dame d'Auteuil, place d'Auteuil.
2 N.-D. de Bonne-Nouvelle, r. N.-D.-de-B.-Nouv.
18 — de Clignancourt, rue Ordener.
16 — de-Grâce, rue de l'Annonciation.
20 — de la Croix, place Ménilmontant.
13 — de la Gare, place Jeanne-d'Arc.
14 — de Plaisance, rue du Texel.
5 — des Champs, boulevard Montparnasse.

*Chapelle expiatoire*, entre la rue des Mathurins et le boulevard Haussmann.— Erigé en 1820 par Fontaine et Percier, à la mémoire de Louis XVI et de la reine Marie-Antoinette, ce monument fut terminé en 1826.

La chapelle, bâtie en forme de croix, est surmontée d'une coupole ; on y arrive par un petit jardin ayant à droite et à gauche des pierres tombales simulées ; elle a été construite sur l'emplacement même de l'ancien cimetière de la Madeleine où les restes mortels du roi et de la reine avaient reposé pendant vingt et un ans.

A l'intérieur, beaux groupes en marbre.

Pour visiter la chapelle et la crypte, s'adresser au gardien (pourboire volontaire).

*L'Eglise votive du Sacré-Cœur,* en construction sur la butte Montmartre, a été commencée en 1873, dans le style byzantin, par l'architecte Abadie.

Ce grandiose édifice, qui s'élève grâce aux souscriptions organisées par le clergé français, est appelé à devenir l'une des curiosités de la capitale.

*N. B.* — On peut visiter les chantiers et la crypte moyennant une rétribution facultative de 25 ou 50 c. — S'adresser, 31, rue de la Fontenelle, derrière l'église.

*Eglise russe (rite grec)*, rue Daru, 12, près du parc Monceau.— Bâtie en 1861 dans le style byzantin-moscovite.

On la distingue à ses coupoles recouvertes de dorures et que surmonte un petit dôme doré, terminé par une croix à double branche accompagnée d'une double chaîne également dorée. Elle est visible les dimanches et mercredis, vers 11 h., au moment de l'office, et les dimanches et jeudis, de 3 h. à 5 h (les autres jours moyennant pourboire).

## Cultes non catholiques

*Eglises (luthériennes) de la confession d'Augsbourg*. — Rédemption, rue Chauchat, 16. — Billettes, rue des Billettes, 18. — Saint-Marcel, rue Tournefort, 19. — Montmartre, rue des Poissonniers, 43. — Résurrection, rue Quinault, à Vaugirard. — Maison Blanche, avenue d'Italie, 22. — Bon-Secours, rue de Charonne, 97. — La Villette, rue de Crimée, 93. — Batignolles, rue Dulong, 53. — Gros-Caillou, rue Amélie, 19.

*Eglises (calvinistes) réformées*. — Oratoire, rue Saint-Honoré, 147, et rue de l'Oratoire, 3. — Saint-Esprit, rue Roquépine, 5. — Pentémont, rue de Grenelle-Saint-Germain, 106. — Sainte-Marie, rue Saint-Antoine, 216. — Batignolles, boulevard des Batignolles, 46. — Milton, rue Milton, 5, à Montmartre. — Belleville, rue Julien-Lacroix, 97. — Passy, rue des Sablons, 65. — Plaisance, rue de l'Ouest, 97. — Etoile, avenue de la Grande-Armée, 54. — Montmartre, rue Berthe, 2 *bis*. — Vincennes, rue de Montreuil, 37. — Neuilly, rue du Marché, 17. — Boulogne, route de la Reine, 117. — Les Gobelins, rue Lebrun, 35.

*Eglises et Chapelles libres*. — Taitbout, rue de Provence, 42. — Luxembourg, rue Madame, 59. — Nord, rue des Petits-Hôtels, 17. — Saint-Maur, rue Saint-Maur, 134 et 136. — Saint-Honoré, rue Royale, 23. — Saint-Antoine, avenue Ledru-Rollin, 153. — Etoile, avenue de la Grande-Armée, 74.

*In the english language.* — Wesl. Methodist, rue Roquépine, 4. — Congr. Chapel., rue Royale, 23. — English church, rue d'Aguesseau, 5. — Amer. Chapel, rue de Berri, 21. — Am. Episc. church, rue Bayard, 17. — Church of Scotland, rue de Rivoli, 160.

*Eglise roumaine*, rue Saint-Jean-de-Beauvais, 9.

*Synagogues.* — Rue Notre-Dame-de-Nazareth, 15; rue des Tournelles, 23 ; rue Buffault, 28 (rite portugais).

*Loge Maçonnique.* — Le Grand-Orient, rue Cadet.

## MUSÉES

Chaque musée offre aux visiteurs son catalogue officiel spécial. Comme il varie tous les ans, et comme l'espace nous manque, nous laissons à nos voyageurs le soin de se le procurer en entrant.

*Musée d'Anatomie comparée,* rue de l'Ecole-de-Médecine, 12. — Ouvert seulement aux étudiants et aux médecins, tous les jours.

*Musée des Archives nationales*, au palais des Archives, rue des Francs-Bourgeois, 60. — Ouvert le dimanche, de midi à 3 heures ; le jeudi, de midi à 4 heures, avec carte.

Riche collection de tous les documents concernant l'histoire de France.

*Musée d'Artillerie*, au palais des Invalides. — Visible les mardis, jeudis et dimanches, de midi à 3 heures, du 1$^{er}$ novembre au 31 janvier, et de midi à 4 heures, du 1$^{er}$ février au 31 octobre.

Armes, armures et costumes militaires de toutes les époques.

. La galerie ethnographique comprend des personnages, costumés et armés, des principaux types de l'Afrique, de l'Océanie, de l'Amérique et de l'Asie.

*Musée des Arts décoratifs*, palais de l'Industrie, pavillon Sud-Est, porte n° 7. — Il est ouvert au public tous les jours de 10 heures à 5 heures.

Prix d'entrée : la semaine, 1 fr.; le dimanche, 50 cent.

*Musée des Arts et Métiers industriels*, au Conservatoire national, rue Saint-Martin, 292. — Ouvert au public les dimanches, mardis et jeudis de 10 h. à 4 heures. On peut visiter le Musée les autres jours de midi à 3 heures avec une autorisation du directeur.

Machines et inventions curieuses.

*Musée astronomique de l'Observatoire.* — Visible avec permission du directeur.

Belle collection d'objets et d'instruments des plus précieux : sphères, cercles, méridiens, pendules, poids, mesures, etc.

*Musée Carnavalet* (bibliothèque et musée historique de la ville de Paris), rue de Sévigné, 23. — Visible les jeudis et dimanches de 11 heures à 4 heures.

*Musée de Cluny.* — Voyez *Thermes*.

*Musée Dupuytren*, rue de l'Ecole-de-Médecine, 15. — Ouvert tous les jours, excepté le dimanche, de 11 heures à 3 heures, seulement aux étudiants et médecins munis de cartes.

*Musée ethnographique*, palais du Trocadéro. — Visible les dimanches et jeudis, de midi à 4 heures, et les mardis, aux mêmes heures, avec cartes délivrées par l'administration. Entrée sous le péristyle à droite.

*Musée Galliera*, avenue du Trocadéro (en construction). — Il renfermera les riches collections artistiques léguées par la duchesse de Galliera.

*Musée du Garde-meuble national*, quai d'Orsay, 103. — Ouvert les dimanches et fêtes et les jeudis, de 10 heures à 4 heures. Tapisseries des Gobelins et de Beauvais ; meubles historiques.

*Musée Guimet*, avenue du Trocadéro. — Riche collection des documents relatifs à l'histoire des religions orientales.

*Musée d'Instruments de musique*, installé dans le Conservatoire de musique, rue du faubourg Poissonnière. — Ouvert au public le jeudi, de midi à 4 heures, et aux étrangers le lundi aux mêmes heures.

Collection d'instruments remarquables par leur ancienneté ou par leur valeur historique.

*Musée du Louvre*. — Tous les jours, excepté le lundi : du 1er avril au 1er octobre, de 9 heures à 5 heures la semaine, et de 9 heures à 4 heures les dimanches et jours de fête ; l'hiver, de 10 heures à 4 heures.

Au rez-de-chaussée (sculptures) : Sculptures antiques, modernes, du moyen âge et de la Renaissance, — Musées égyptien, assyrien et de l'Asie Mineure.

Au premier étage : Musée de peinture, — musée

Campana, — musée des antiquités grecques, étrusques, égyptiennes, — collections Lenoir, Davillier, etc., etc., — musée du moyen âge et de la Renaissance, — collection Thiers, etc., etc.

Au deuxième étage : Musée de la marine, — musées ethnographique, chinois, et les trois salles supplémentaires de peinture.

Les entrées du musée du Louvre sont : 1° Pavillon Denon (nouveau Louvre); 2° pavillon Sully (cour d'honneur du Louvre). Entrée par l'escalier Henri II.

*Musée du Luxembourg*, dans l'ancienne orangerie du jardin du Luxembourg. — Tous les jours (excepté le lundi): l'été, de neuf heures à cinq heures; l'hiver, de dix heures à quatre heures. Les dimanches et jours de fête, de dix heures à quatre heures. — On entre par la rue de Vaugirard.

Le musée des artistes vivants comprend véritablement deux musées :

1° Le musée de sculpture, occupant une galerie de 432 mètres de superficie;

2° Le musée de peinture, comprenant onze salles de dimensions différentes.

*Musée des médailles et antiques*, dépendant de la Bibliothèque nationale. — Visible le mardi et le vendredi, de dix heures et demie à trois heures et demie. — Entrée rue de Richelieu.

*Musée minéralogique*, à l'Ecole nationale des Mines, boulevard Saint-Michel, au bout de la grille du Luxembourg. — Les mardis, jeudis et samedis, de onze heures à trois heures.

Au premier étage, riches et précieuses collections minéralogiques et géologiques. — Classificaion minéralogique de la France par départements.

Au deuxième étage, collection paléontologique classée d'après l'ordre zoologique.

*Musée des Monnaies*, quai Conti, 11, à l'hôtel des Monnaies. — Visible les mardis et vendredis, de midi à trois heures.

*Musée et bibliothèque de l'Opéra*, à l'Opéra, au premier étage du pavillon d'honneur, rue Auber. — La semaine, de onze heures à quatre heures. Salle de lecture, bibliothèque, etc.

*Musée pédagogique*, rue Gay-Lussac, 41. — Ouvert de dix heures du matin à quatre heures du soir. Visible les dimanche et jeudis.

*Musée de sculpture comparée*, au palais du Trocadéro. — L'entrée sous le grand péristyle à gauche. Tous les jours, de onze heures à quatre heures, les lundis exceptés.

*Musée des Thermes et de l'hôtel de Cluny*, boulevard Saint-Michel, entrée rue du Sommerard, 24. — Riches collections d'antiquités nationales et étrangères, du moyen âge et de la Renaissance. Tous les jours (excepté les lundis et jours de fêtes réservées), de onze heures à cinq heures, du 1er avril au 30 septembre, et de onze heures à quatre heures du 1er octobre au 31 mars.

On entre dans les jardins par la grande porte de l'hôtel de Cluny.

*Musée typographique* (Imprimerie nationale), rue Vieille-du-Temple, 87. — Le jeudi, à deux heures précises, avec billets délivrés par le directeur. Collection unique de types orientaux.

## BIBLIOTHÈQUES

*Bibliothèque Nationale*, rue de Richelieu, en face le square Louvois. — La Bibliothèque est divisée en quatre départements :

1º Le département des imprimés, cartes et collections géographiques ;

2º Le département des manuscrits, chartes et diplômes ;

3º Le département des estampes ;

4º Le département des médailles et antiques.

Ouverte tous les jours, de 10 heures à 4 heures, pour les travailleurs munis de cartes.

*N. B.* — Pour les visiteurs et étrangers, la Bibliothèque est ouverte les mardis et vendredis de 10 heures à 4 heures. On y visite les salles : des médailles, de la géographie, des estampes et la galerie Mazarine.

*Bibliothèque Sainte-Geneviève*, à côté du Panthéon. — Tous les jours (excepté le dimanche), de 10 heures à 3 heures et le soir de 6 heures à 10 heures. Fermée du 1er septembre au 15 octobre.

*Bibliothèque Mazarine*, à l'Institut. — Tous les jours, de 10 heures à 5 heures. Fermée du 15 juillet au 1er septembre.

*Bibliothèque de l'Arsenal*, rue de Sully, 1. — Tous les jours (excepté le dimanche), de 10 heures à 3 heures. Fermée du 15 août au 1er octobre.

*Bibliothèque de l'École nationale et spéciale des Beaux-Arts*, rue Bonaparte, 14. — Tous les jours non fériés, de midi à 4 heures en hiver ; et de midi à 5 heures en été. Fermée du 1er août au 14 octobre.

*Bibliothèque de l'Université de France*, à la Sorbonne. — Tous les jours, de 10 heures à 3 heures, et de 7 heures à 10 heures, le soir. — Vacances du 5 juillet au 20 août.

*Bibliothèque et collections historiques de la Ville de Paris*, rue de Sévigné, 23, hôtel Carnavalet. — De 10 heures à 4 heures en hiver, et de 11 heures à 5 heures en été.

*Bibliothèque des Arts et Métiers*. — Tous les jours (excepté les lundis et fêtes), de 10 heures à 3 heures, et dans la semaine, de 7 heures et demie à 10 heures.

*Bibliothèque de l'Opéra* (voy. *Musées*).

## FACULTÉS

*La Sorbonne*, rue de la Sorbonne. — Siège des bureaux de l'Académie de Paris et des trois facultés de théologie catholique, des lettres et des sciences.

Cours publics tous les jours (dimanche excepté) à diverses heures.

*Faculté de Droit*, place du Panthéon, 10.

*Faculté de Médecine*, place de l'Ecole-de-Médecine.

*Ecole de Pharmacie*, avenue de l'Observatoire, 4.

### Collège de France

Rue des Ecoles (place du Collège-de-France).

— Cours publics de sciences, de langues, de littérature française, grecque, étrangère, de philosophie et d'histoire.

## ÉCOLES SPÉCIALES

*Ecole de Médecine*, rue de l'École-de-Médecine, 12, avec nouvelle façade monumentale sur le boulevard Saint-Germain.

*Ecole des Arts et Manufactures* (Centrale), rues Vaucanson et Montgolfier.

*Ecole des Beaux-Arts,* rue Bonaparte, 14.

*Ecole nationale des Arts décoratifs*, rue de l'École-de-Médecine, 5.

*Ecole Centrale*, rue Montgolfier, 1.

*Ecole du Conservatoire. (Musique et déclamation)*, rue du Faubourg-Poissonnière, 15.

*Ecole du Conservatoire des Arts et Métiers*, rue Saint-Martin, 292.

*Ecoles des Chartes*, rue des Francs-Bourgeois, 58.

*Ecole de Droit*, place du Panthéon, 10.

*Ecole des Mines*, boulevard Saint-Michel, 60 et 62.

*Ecole Normale*, rue d'Ulm, 45.

*Ecole des Ponts et Chaussées*, rue des Saints-Pères, 28.

*Ecole Polytechnique*, rue Descartes, 5.

*Ecole de Pharmacie*, allée de l'Observatoire, 4.

## LYCÉES ET COLLÈGES

Chaptal, boulevard des Batignolles.
Charlemagne, rue Saint-Antoine.
Colbert, rue de Château-Landon.
Commerce (de), rue Amelot.
Ecole commerciale, avenue Trudaine.
Ecole Turgot, rue du Vertbois.
Ecole Lavoisier, rue Denfert-Rochereau.
Henri IV, rue de Clovis (Panthéon).
J.-B.-Say, rue d'Auteuil.
Louis-le-Grand, rue Saint-Jacques.
Monge, boulevard Malesherbes.
Sainte-Barbe, rue Cujas.
Stanislas, rue Notre-Dame-des-Champs.
Saint-Louis, boulevard Saint-Michel.
Fontanes, rue Caumartin.
Rollin, avenue Trudaine.

## MANUFACTURES NATIONALES

*Les Gobelins*, manufacture nationale de tapisseries, avenue des Gobelins, 42. — Visible, sans permission, les mercredis et samedis, de 1 heure à 3 heures.

*Manufacture de porcelaines*, à Sèvres, près Paris. — Les collections sont visibles tous les jours.

*Manufacture des tabacs*, quai d'Orsay, près de l'esplanade des Invalides. — Le jeudi, de 10 heures à midi, et de 1 heure à 4 heures, avec autorisation du régisseur.

## HALLES ET MARCHÉS

*Halles centrales*, rue Rambuteau et pointe Saint-Eustache. — Comprenant plusieurs pavillons, elles occupent une surface de 70 000 mètres carrés.

L'aspect des Halles centrales est très curieux, surtout aux heures d'approvisionnement, de 6 heures à 8 heures du matin.

*Marché aux fleurs*. — La Madeleine, mardis et vendredis. — Quai de la Cité, mercredis et samedis. — Place Saint-Sulpice, lundis et jeudis. — Place Voltaire, mercredis, vendredis et dimanches. — Place de la République, lundis et jeudis.

*Marchés aux oiseaux*, près du Tribunal de commerce. — Tous les dimanches, de midi à 4 heures, et sur le pourtour extérieur du marché des Carmes, tous les jeudis.

*Marché aux chevaux*, boulevard de l'Hôpital, 50 et 52. — Les mercredis et samedis, de midi à 5 heures en hiver, et de midi à 7 heures en été.

*Marché aux bestiaux*, rue d'Allemagne.

*Marché aux chiens*, boulevard de l'Hôpital, 50 et 52. — Tous les dimanches à midi.

*Marché aux fourrages*, boulevard de l'Hôpital, 50. — Les mardis, jeudis et samedis, de 5 heures à 11 heures.

*Halle aux cuirs*, rue Santeuil, entre les rues Censier et Fer-à-Moulin, près du Jardin des Plantes.

Les *Abattoirs de la Villette*. — Une des curiosités

de Paris, ils se composent de 24 pavillons, sur une superficie de 14 hectares.

Il y a aussi (rive gauche) :

L'*Abattoir de Grenelle*, place de Breteuil.

L'*Abattoir de Villejuif*, près de la place d'Italie.

*Entrepôts des vins et alcools*, quai Saint-Bernard, près du Jardin des Plantes.

Nouvelles et vastes constructions, quai de Bercy.

*Le Temple*. — Le marché du Temple, occupé par des marchands vendant toute espèce de marchandises, contient 2 400 boutiques et couvre une surface de 14 110 mètres.

*L'Hôtel des ventes*, dit l'hôtel des commissaires-priseurs, rue Rossini et rue Drouot.

## HOPITAUX

*Avis*. — Les consultations gratuites ont lieu tous les jours, de 8 heures à 9 heures du matin; on peut visiter les malades, les jeudis et les dimanches, de 1 heure à 3 heures.

*Andral*, rue des Tournelles, 35.

*Beaujon*, faubourg Saint-Honoré, 208.

*Bichat*, boulevard Ney, près de l'avenue de Saint-Ouen.

*Charité*, rue Jacob, 47.

*Clinique*, rue d'Assas, 89.

*Cochin*, faubourg Saint-Jacques, 47.

*Enfants malades*, rue de Sèvres, 149.

*Hôtel-Dieu*, place du Parvis-Notre-Dame, 1.

*Laënnec*, rue de Sèvres, 42.

*Lariboisière*, rue Ambroise-Paré, 2 (boulevard Magenta).

*Lourcine*, rue de Lourcine, 111. — Maladies secrètes (femmes).

*Maternité*, boulevard de Port-Royal, 123. — Maison d'accouchement.

*Midi*, boulevard de Port-Royal, 111, faubourg Saint-Jacques. — Maladies secrètes (hommes).

*Necker*, rue de Sèvres, 151.

*Pitié*, rue Lacépède, 1.

*Saint-Antoine*, faubourg Saint-Antoine, 184.

*Saint-Louis*, rue Bichat, 40-42. — Spécialité de maladies de peau. Chambre particulière, 4 à 5 francs par jour.

*Tenon*, rue de la Chine, 2.

*Trousseau*, rue de Charenton, 89.

*Hospice de la Vieillesse* (hommes), à *Bicêtre*.

*Hospice de la Vieillesse* (femmes), boulevard de l'Hôpital, 47 (*Salpêtrière*).

*Asile d'Ivry* (hommes et femmes).

*Maison municipale de Santé*, faubourg Saint-Denis, 200.

## Hôpitaux militaires

*Gros-Caillou*, rue Saint-Dominique, 188.

*Val-de-Grâce*, rue Saint-Jacques, 277 *bis*.

*Hôpital militaire Saint-Martin*, rue des Récollets, 8.

## Aliénés

*Asile Sainte-Anne*, rue Cabanis, 1.
*Bicêtre*.
*Charenton-Saint-Maurice*.

## Aveugles, Sourds-Muets, Enfants assistés

*Quinze-Vingts*, rue de Charenton, 28.
*Jeunes Aveugles*, boulevard des Invalides, 56.
*Sourds-Muets*, rue Saint-Jacques, 254.
*Enfants assistés*, rue Denfert-Rochereau, 74.

## CIMETIÈRES

*Cimetière du Père-Lachaise*, boulevard de Ménilmontant,
*Cimetière Montmartre*, boulevard Clichy.
*Cimetière Montparnasse*, boulevard Edgar-Quinet.

### EXTRA MUROS

Les cimetières de *Bagneux* et d'*Ivry* (rive gauche), de *Saint-Ouen*, de *Pantin* et de *Bagnolet* (rive droite).

## MORGUE — ÉGOUTS — CATACOMBES

*La Morgue*, derrière le chevet de l'église Notre-Dame, près du pont de l'Archevêché. — C'est là

13.

que sont exposés, sur des dalles, les cadavres d'individus non reconnus.

On y fait aussi les autopsies judiciaires.

*Les Égouts.* — Visibles une fois par semaine en été seulement. Pour visiter cette curiosité parisienne, adresser une demande au directeur des eaux et des égouts à la Préfecture de la Seine. Le billet que l'on reçoit indique l'endroit et l'heure où l'on doit se présenter chaudement couvert.

*Les Catacombes,* entrée barrière d'Enfer, cour du pavillon de droite, place Denfert-Rochereau. — Immenses carrières divisées par rues et quartiers, occupant une surface de 600 000 mètres carrés, où se trouvent symétriquement rangés des crânes et des ossements provenant des anciens cimetières. On les visite plusieurs fois par an, avec permission délivrée par l'ingénieur en chef des mines, inspecteur général des carrières, à qui il faut adresser sa demande à l'Hôtel de Ville.

## LES PLAISIRS

### Théâtres

*Renseignements.* — Des colonnes spécialement réservées aux affiches de théâtre, et éclairées le soir, se trouvent de distance en distance sur les boulevards et dans un grand nombre de rues et de places.

Tous les lundis, les journaux rendent compte des pièces nouvelles, et signalent les succès.

Généralement les bureaux ouvrent une demi-heure avant le lever du rideau, mais si l'on ne veut pas *faire la queue*, il faut, dans la journée, retenir

Entrée des galeries de l'Agriculture, quai d'Orsay.

ses places au bureau de location placé à l'entrée de chaque théâtre, et qui ouvre de midi à 5 ou 6 heures.

Les places en location coûtent, en général, 1 ou 2 fr. en sus du tarif ordinaire.

Un plan de chaque théâtre, avec toutes les places numérotées, se trouve dans tous les bureaux.

On trouve aussi des places à louer d'avance : à l'Agence *gratuite* de location du *Figaro*, rue Drouot, ou aux Offices de théâtre.

*Opéra*. — Édifié par Garnier, ce monument merveilleux qui a coûté quinze années de travail et soixante-cinq millions de francs, est un véritable musée, où peintres et sculpteurs les plus célèbres, les Baudry, les Carpeaux, les Falguières et autres, se sont faits les dignes collaborateurs de l'architecte.

Les loges et fauteuils loués à l'année sont disponibles, une fois par semaine, et peuvent être loués pour les soirées données en dehors de l'abonnement. A ces représentations exceptionnelles, qui ont lieu le samedi, les dames sont admises aux fauteuils d'orchestre, qui leur sont interdits les autres jours.

*Théâtre-Français* ou *Comédie-Française*, rue de Richelieu, au coin de la place du Palais-Royal. — Tragédies, comédies, drames et chefs-d'œuvre des auteurs classiques et modernes.

On remarque dans le vestibule la statue de Talma et les statues de la Tragédie et de la Comédie, sous les traits de Rachel et de M$^{lle}$ Mars; dans le foyer se trouvent les bustes de nos célébrités artistiques et les belles statues de Voltaire et George Sand.

*Opéra-Comique*, place Boïeldieu, près du boulevard des Italiens. — Détruit le 25 mai 1887 par un épouvantable incendie, ce théâtre va être réédifié à la même place. En attendant, son répertoire s'exécute au Théâtre Lyrique, place du Châtelet.

*Odéon* (second Théâtre-Français), place de l'Odéon (rive gauche). — Tragédies, comédies et drames (ancien et nouveau répertoire).

*Gaîté*, belle façade sur le square des Arts-et-Métiers. — On y joue, tour à tour, des drames superbes, des opérettes, d'éblouissantes féeries.

*Châtelet*, place du Châtelet. — Grands drames historiques à grand spectacle, féeries.

*Lyrique*, place du Châtelet. — D'abord théâtre d'opéra français, puis d'opéra italien, après avoir joué le drame; remplace l'Opéra-Comique depuis son incendie.

*Renaissance*, à droite de la porte Saint-Martin, sur le boulevard. — Construction élégante, façade richement décorée. Après avoir cherché à prendre rang entre les répertoires du Gymnase et de l'Ambigu, il a adopté l'opérette et joue maintenant le vaudeville et la comédie-bouffe.

*Vaudeville*, boulevard des Capucines, au coin de la rue de la Chaussée-d'Antin. — Vaudevilles et comédies. Son genre jadis frondeur et malicieux, est devenu le même qu'au Gymnase.

*Gymnase*, boulevard Bonne-Nouvelle, où furent jadis interprétées tant de pièces charmantes de Scribe; joue à présent des vaudevilles, comédies, drames de genre, signés d'Emile Augier, d'Octave Feuillet, de Victorien Sardou, d'Alexandre Dumas fils, de Gondinet, de Meilhac, d'Halévy, Ohnet, etc.

*Porte-Saint-Martin*, boulevard Saint-Martin. —

Avec une troupe d'acteurs de premier ordre, a su faire admirer les chefs-d'œuvre de Hugo, Delavigne et Dumas, en même temps que les drames pathétiques des d'Ennery, Auguste Maquet et Victorien Sardou. Merveilleusement machiné, ses féeries sont montées avec une mise en scène admirable.

*Ambigu*, boulevard Saint-Martin. — Drames.

*Palais-Royal*, galerie Montpensier (Palais-Royal). — Fréquenté par les amis du rire sincère et de l'esprit gaulois. Troupe comique d'élite.

*Variétés*, boulevard Montmartre. — Vaudevilles, revues et opérettes-bouffes.

*Bouffes-Parisiens* (ancien théâtre Comte), passage Choiseul et rue Monsigny. — A dû longtemps sa vogue au regretté maëstro Offenbach.

*Folies-Dramatiques*, boulevard Saint-Martin. — Opérettes et opéras comiques. Artistes pleins de verve. Les succès de la *Fille de Madame Angot*, de l'*Œil crevé*, du *Petit Faust* et des *Cloches de Corneville* sont restés légendaires.

*Nouveautés*. — Situé en plein boulevard des Italiens, ce ravissant théâtre est le rendez-vous du Paris fashionable et des dilettantes. Opérettes, opéras comiques, opéras-bouffes, vaudevilles, etc.

*Menus-Plaisirs*, boulevard de Strasbourg. — Salle élégante, troupe excellente ; on y joue tous les genres, excepté le genre ennuyeux.

*Fantaisies-Parisiennes*, boulevard Beaumarchais. — Gais vaudevilles, revues et opérettes. Le *Droit du Seigneur* a eu 300 représentations.

*Théâtre du Château-d'Eau.* — Drames populaires et patriotiques, opérette et même opéra.

Viennent ensuite :

Le joyeux *Théâtre Cluny*, boulevard Saint-Germain, au coin de la rue Saint-Jacques.

Le *Théâtre Déjazet*, boulevard du Temple.

Les *Bouffes-du-Nord*, tout en haut du faubourg Saint-Denis ;

Et les théâtres des quartiers de Belleville, Montmartre, Grenelle, Montparnasse et des Gobelins.

Sans compter quelques théâtres d'élèves et d'amateurs :

Le *Théâtre Libre*, etc.

L'*Eden-Théâtre*, rue Boudreau, près du boulevard et de l'Opéra, à l'angle de la rue Auber, est un théâtre à part et très curieux, tant comme architecture que comme décoration et organisation intérieure. Ballets, féeries et opérettes.

Jardin d'hiver, promenoirs, cour indienne, bars, cafés, 250 danseurs et danseuses, 70 musiciens.

Le dimanche, à 2 heures, *Concerts Lamoureux*. (Voyez *Concerts Populaires*.)

*Robert-Houdin*, boulevard des Italiens, 8. — Scènes de physique et de prestidigitation, par le professeur Dicksonn. Prix : de 2 à 5 fr.

## Cirques

*Hippodrome*, près du pont de l'Alma. — Une des curiosités de Paris. C'est un colossal édifice, remarquable par ses vastes proportions, sa hardiesse et son élégance.

Brillantes représentations équestres et de pantomimes à grand spectacle, les dimanches, jours de fête et jeudis à 3 heures, et tous les soirs à 8 heures avec lumière électrique.

*Cirque d'été*, aux Champs-Elysées, à droite de la grande avenue.— Tous les soirs, à 8 heures, exercices équestres. Haute école, pantomimes et scènes bouffonnes (l'été seulement).

On peut visiter les écuries, tenues avec un soin particulier.

*Cirque d'hiver*, boulevard des Filles-du-Calvaire. — Tous les soirs, à 8 heures, exercices équestres, haute école (l'hiver seulement).

*Nouveau Cirque*, rue Saint-Honoré, 251. — Ce cirque admirable possède une piste mobile qu'une puissante machinerie fait descendre dans les dessous, mettant à découvert un vaste bassin où les acrobates aquatiques succèdent aux écuyers et aux clowns. Café-buffet.

*Cirque Fernando*, boulevard Rochechouart, 63, à l'extrémité de la rue des Martyrs. — Representations équestres tous les soirs, à 8 heures ; haute école.

*Folies-Bergère*, rue Richer, près du faubourg Montmartre. — Original établissement, fréquenté par ceux qui aiment les féeries à surprise, les trapèzes, les phénomènes acrobatiques, etc.

On y boit, fume et se promène tout en jouissant du spectacle.

## Panoramas

*Panorama de Constantinople*, aux Champs-Elysées, près du palais de l'Industrie.

*Panorama Marigny*, avenue Marigny, en face du précédent, construit par Ch. Garnier. — Panorama de la bataille de Buzenval, rappelant l'un des faits les plus mémorables du siège de Paris (1870-71).

*Panorama de la prise de la Bastille*, place Contrescarpe, exécuté par MM. Poilpot et Jacob.

*Panorama de la bataille de Rezonville*, 5, rue de Berri, par Detaille et Neuville.

*Panorama du Monde antédiluvien*, par Castellani, au Jardin d'acclimatation.

*Le Musée Grévin*, boulevard Montmartre, 10, près du passage Jouffroy. — Grand musée de figures de cire.

## Concerts populaires

MUSIQUE POPULAIRE DES MAITRES

Concerts Colonne, dirigés par Ed. Colonne. — La savante interprétation des œuvres de Berlioz et de nos jeunes maîtres a placé au premier rang ces concerts dont l'orchestre est composé de 250 exécutants.

*Concerts Lamoureux*. — Fondés en 1882 et dirigés par M. Lamoureux. Le dimanche à 2 h., à l'Eden-théâtre, rue Boudreau, près de l'Opéra.

*Concerts du Conservatoire*, rue du Faubourg-Poissonnière. — De quinzaine en quinzaine, à partir du deuxième dimanche du mois de janvier, jusqu'au mois d'avril. Trois concerts *spirituels* ont lieu, pendant la semaine sainte et la semaine de Pâques.

### Concerts d'été

*Concerts du Jardin d'acclimatation.* — Tous les jeudis et dimanches, à 3 heures, pendant la bonne saison.

*Jardin de Paris*, derrière le palais de l'Industrie, du 1$^{er}$ mai au 1$^{er}$ octobre. — Tous les soirs, à 8 heures, concerts en plein air et kermesse. — On y entend d'excellente musique tout en circulant au milieu de jolis et frais jardins.

### Cafés-concerts d'été

*Café des Ambassadeurs*, à droite de l'avenue des Champs-Elysées. — Entrée libre. Restaurant.

*Café de l'Alcazar*, le second à droite dans la même avenue.

*Café de l'Horloge*, à gauche de la même avenue, près du pavillon Ledoyen — Couverture mobile en cas de pluie.

### Cafés-concerts d'hiver

*Café-concert de l'Eldorado*, boulevard de Strasbourg, près du boulevard Saint-Denis. — Café-concert de premier ordre, opérettes et scènes burlesques.

*Eden-Concert*, boulevard de Sébastopol, 17. — Répertoire varié. Troupe choisie. Les vendredis « classiques » attirent beaucoup de monde.

*Bataclan*, boulevard Voltaire, 50. — Curieuse façade chinoise.

*Café-concert de la Scala*, boulevard de Strasbourg, en face de l'Eldorado. — Salle charmante (à ciel ouvert en été). Eclairage circulaire d'un bel effet.

*Grand Concert Parisien*, faubourg Saint-Denis, près de la rue de l'Echiquier. — Tous les soirs à 8 heures, spectacle varié. Dimanches et fêtes, matinées.

*Alcazar d'hiver*, faubourg Poissonnière, près du boulevard de ce nom. — Salle splendide. Romances, opérettes et scènes bouffonnes. Thérésa et son répertoire.

*N. B.* — Dans les cafés-concert, l'entrée est libre, mais se paye en consommation dont le prix varie suivant la place.

## Bals

*Elysée-Montmartre*, boulevard Rochechouart, 80. — Joli jardin, salles d'été et d'hiver. — Public excentrique de grisettes et de camelots.

*Closerie des Lilas* (bal Bullier), carrefour de l'Observatoire. — Joyeux rendez-vous des étudiants et de leurs compagnes.
Bal les samedis, soirée dansante les dimanches, et grande fête tous les jeudis.

*Tivoli-Vauxhall*, rue de la Douane, 24. — Ouvert tous les soirs.

*N. B.* — Généralement dans les bals, les dames ne payent pas d'entrée.

Nous ne parlons pas des bals-musettes, ni des bals dits de barrière : Constant, Gradeau, etc., dont la fréquentation est d'un goût risqué.

## Bals masqués

Dans la saison du carnaval, qui commence vers la fin de novembre, *Bullier* et *Tivoli* donnent des bals masqués, le premier, les mardis ; le second, les dimanches.

L'*Opéra* et l'*Eden-Théâtre* donnent aussi quatre bals masqués, les samedis, à minuit; prix : 20 fr. pour les cavaliers, et 10 fr. pour les dames.

Les hommes non déguisés n'y sont admis qu'en habit noir.

## Sport

*Les Courses.* — Au nombre des plus célèbres on cite les :

*Courses de Longchamps*, au bois de Boulogne, devant la grande cascade. — Courses plates.

C'est en juin qu'est couru le Grand-Prix de Paris (100 000 fr.) sur l'Hippodrome de Longchamp.

*Courses de la Marche*, station de Ville-d'Avray, ligne de Versailles. — Banquettes irlandaises, murs, haies, rivières.

*Courses de Chantilly*, chemin de fer du Nord, à 48 minutes de Paris. — Courses plates, réunions en mai, en septembre et en octobre : c'est au mois de mai que se dispute le prix du Jockey-Club.

*Courses d'Auteuil*, société des steeple-chases de France, à Auteuil (bois de Boulogne). — C'est le lundi de la Pentecôte que se court le Grand national ; réunions en printemps et en automne, courses plates et à obstacles.

*Courses de Berny*. — Une fois par an, le mardi de Pâques.

*Courses de Fontainebleau*, chemin de fer de Lyon. — Site ravissant.

*Courses du Vésinet*. — Plates et à obstacles. Le chemin de fer de Saint-Germain, gare Saint-Lazare, amène directement au champ de courses.

*Courses de Vincennes*. — Courses au trot, plates et à obstacles.

Pour les jours de courses à *Enghien*, à *Maisons-Laffitte*, à *Saint-Ouen* et à *Saint-Germain* (hippodrome à Achères); consulter les journaux et les affiches.

*N. B.* — Les Agences de poules tiennent, les jours de courses, à la disposition des promeneurs, des voitures spéciales partant du boulevard des Italiens, place de l'Opéra, faubourg Montmartre, boulevard Saint-Michel.

Le *Canotage* a lieu sur la Seine : à Asnières, Argenteuil, Bougival ; et sur la Marne : à Joinville-le-Pont et Nogent.

Des *Régates* ont lieu quelquefois entre Grenelle et Auteuil, Billancourt et Suresnes, etc.

Le *Patinage* attire beaucoup de monde l'hiver au bois de Boulogne. Le cercle des patineurs y a son bassin réservé.

*Natation*. — Tous les établissements de bains ont des maîtres-nageurs.

Quant à l'*Equitation*, le *Tir*, l'*Escrime*, les *Gymnases*, etc., les amateurs n'ont qu'à consulter le *Bottin*.

## VOYAGES AUX ENVIRONS

### Observation

Nous terminons notre *Guide*, en indiquant aux voyageurs les moyens de se transporter le plus promptement et le plus économiquement possible, dans les localités célèbres qui entourent la capitale, et nous indiquerons succinctement les curiosités qu'ils auront à y voir.

Dans les endroits comme à Paris, on trouve, dans les palais, musées, etc., des catalogues explicatifs et des cicerones officiels, qui, moyennant pourboire, se chargent de vous montrer et expliquer tout ce qui peut intéresser.

### Environs de Paris

*Alfortville.* — Bateaux-Mouches (rive gauche).

*Arcueil.* — Chemin de fer de Sceaux.

*Argenteuil.* — Chemin de fer de l'Ouest (Saint-Lazare), du Nord et de la grande ceinture.

*Asnières.* — Tramway ou chemin de fer Saint-Lazare. (Canotage.)

*Aubervilliers.* — Tramway place de la République, ou Nord.

*Bagneux.* — Chemin de fer de Sceaux, par Arcueil; tramway de Saint-Germain des Prés à

Fontenay-aux-Roses. Pour le cimetière, omnibus spécial à la barrière de Montrouge.

*Bagnolet*. — Chemin de fer de Vincennes. (Cimetière.)

*Bellevue*. — Tramway de Versailles ou chemin de fer Montparnasse. (Hydrothérapie.)

*Bercy*. — Tramway Louvre à Charenton ou bateaux. (Entrepôt des vins.)

*Billancourt* (île de). — Tramway Louvre à Sèvres ou bateaux. (Bals, jeux divers.)

*Bois-Colombes*. — Chemin de fer Saint-Lazare.

*Bougival*. — Chemin de fer Saint-Lazare et tramway de Rueil. (Canotage.)

*Bourget* (Le). — Nord et Grande Ceinture.

*Bourg-la-Reine*. — Chemin de fer de Sceaux.

*Bry-sur-Marne*. — Est et Vincennes.

*Buzenval*. — Gare Saint-Lazare, par Rueil ou Garches. (Château.)

*Champigny*. — Vincennes.

*Chantilly*. — Nord. A voir : la ville, le château, la forêt. Parc ouvert au public les jeudis et dimanches, de midi à 4 heures. (Courses.)

*Charenton-le-Pont*. — Bateau ou tramways du Louvre et de la Bastille. (Hospice d'aliénés.) Voir le lac Daumesnil.

*Chatenay*. — Chemin de fer de Sceaux, omnibus de Sceaux.

*Châtillon*. — Tramway, place Saint-Germain-des-Prés.

*Chatou.* — Ouest-Saint-Lazare. Restaurants dans l'île.

*Chaville.* — Ouest-Montparnasse ou tramway de Paris à Versailles.

*Chevreuse.* — Sceaux, par Saint-Remy.

*Choisy-le-Roi.* — Orléans.

*Clamart.* — Ouest-Montparnasse ou tramway place Saint-Germain.

*Clichy-la-Garenne.* — Gare Saint-Lazare, tramway à Levallois pour Paris.

*Compiègne.* — Nord, par Creil ou par Villers-Cotterets. A voir : la ville, édifices religieux, édifices civils, la forêt, le parc, le château.

Charmant voyage pour les touristes et amateurs.

*Courbevoie.* — Gare Saint-Lazare ; tramway pour Paris, place de l'Etoile et de la Madeleine.

*Enghien-les-Bains.* — Nord ou Saint-Lazare. Grand établissement thermal, superbe casino, théâtre. Voir le lac. ( Courses en été. )

*Fontainebleau.* — Chemin de fer de Lyon. A voir : dans le château, salles royales, appartements princiers, chapelle, bibliothèque, musée chinois, statues, fresques, tableaux des grands maîtres ; jardins, parterres, étang (très curieux), l'Orangerie. Ce palais est plein de trésors artistiques et de souvenirs historiques. La forêt est remplie aussi des curiosités les plus pittoresques et les plus rares, dont l'énumération exige un catalogue spécial.

*Fontenay-aux-Roses.* —Chemin de fer de Sceaux, ou tramway place Saint-Germain-des-Prés.

*Fontenay-sous-Bois.* — Chemin de fer de Vincennes.

*Gennevilliers.* — Gare Saint-Lazare, par Epinay ou Saint-Denis.

*Gentilly.* Chemin de fer de Sceaux.

*Issy.* — Ouest-Montparnasse, ou tramways place Saint-Germain et aux Champs-Elysées. (Fort.)

*Ivry.* — Tramway de Cluny. Deux cimetières.

*Joinville-le-Pont.* — Chemin de fer de Vincennes. (Canotage.)

*Levallois-Perret.* — Tramway à la Madeleine.

*Lilas* (les). — Tramway de Pantin, place de la République.

*Maisons.* — Ouest (Saint-Lazare). (Courses l'été.)

*Meudon.* — Gares Saint-Lazare et Montparnasse. A voir : château, terrasse, bois, buste de Rabelais. Au Bas-Meudon, bateau pour Paris.

*Montmorency.* — Nord ou Saint-Lazare. A voir : aspect général, édifices publics, villas, la forêt, l'Ermitage. (Courses à ânes.)

*Montreuil-sous-Bois.* — Chemin de fer de Vincennes.

*Nanterre.* — Gare Saint-Lazare. (Couronnement des rosières.)

*Nogent-sur-Marne.* — Est ou Vincennes. (Canotage.)

*Pantin.* — Nord, ou tramway place de la République. Pour le cimetière, la Villette, et à partir des Abattoirs, omnibus spécial à 10 centimes.

14

*Parc-Saint-Maur.* — Vincennes, joli site sur les bords de la Marne.

*Pierrefonds.* — Le Nord par Compiègne. Au bord du lac, vaste établissement entouré de jardins. (Pêche à la ligne et canotage.)

*Pré-Saint-Gervais* (le). — Tramway de Pantin, place de la République.

*Puteaux.* — Gare Saint-Lazare. Tramway pour Suresnes.

*Rambouillet.* — Ouest-Montparnasse et Saint-Lazare.

*Robinson.* — Par Sceaux. Au restaurant Guesquin, on boit et mange sur l'arbre légendaire de Robinson.

*Romainville.* — Est, par Pantin.

*Rueil.* — Gare Saint-Lazare. Omnibus à vapeur pour : la Malmaison, Bougival, Marly et les Carrières-Saint-Denis.

*Saint-Cloud.* — Gare Saint-Lazare, tramways du Louvre, bateaux. A voir : le parc, la grande cascade le jet d'eau, ruines du château, dévasté pendant la guerre de 1870.

*Saint-Cyr.* — Ouest (rive droite et rive gauche), omnibus pour Versailles. (Ecole d'officiers.)

*Saint-Denis.* — Tramways de Saint-Ouen, ou Nord. A voir : édifices, la Maison de la Légion d'honneur, l'île et surtout l'Abbaye qui garde les tombeaux des rois de France.

*Saint-Germain-en-Laye.* — Gare Saint-Lazare, ou le *Touriste* l'été. A voir : édifices publics, le château, la terrasse, la forêt, les Loges. (Courses.)

*Saint-Mandé*. — Chemin de fer de Vincennes, ou tramway de la Bastille. (Lac.)

*Saint-Maur*. — Chemin de fer de Vincennes, ou tramway de la Bastille. (Voyez *Parc*.)

*Saint-Maurice*. — Bateaux ou tramway du Louvre à Charenton.

*Saint-Ouen*. — Chemin de fer du Nord ou tramway. (Canotage.)

*Sceaux*. — Chemin de fer, place Denfert-Rochereau. Omnibus pour Robinson. Fêtes foraines le dimanche.

*Sèvres*. — Gare Montparnasse ou bateaux. A voir : la riche manufacture de porcelaines.

*Suresnes*. — Gare Saint-Lazare ou bateaux. Tramway pour Courbevoie et Paris-Madeleine.

*Vanves*. — Gare Montparnasse, ou tramway place Saint-Germain-des-Prés. (Fort).

*Varenne-Chennevières* (la). — Chemin de fer de Vincennes. (Canotage.)

*Vaucluse* (château de). — Orléans par le Perray. (Asile d'aliénés.)

*Versailles*. — Ouest (Saint-Lazare et Montparnasse) ou tramway du Louvre. Curiosités : la ville et ses monuments, la salle historique du Jeu de paume, rue du Vieux-Colombier, le palais et son riche musée, les parcs, les eaux, le grand et le petit Trianon.

Les guides des étrangers autorisés par l'administration se reconnaissent à la plaque qu'ils portent sur la poitrine. On les trouve dans la cour d'honneur et devant le château, sur le parterre. Ils n'entrent pas dans le musée; on les loue à 1 franc l'heure.

Le musée ouvre tous les jours (sauf le lundi), de dix heures à cinq heures en été, et de onze heures à quatre heures en hiver (demander le catalogue).

Les parcs et jardins, tous les jours de six heures à huit heures.

Les grandes eaux jouent, en été, une ou deux fois par mois à quatre heures. (Le public en est avisé par les journaux et des affiches placardées dans les gares.)

A voir aussi : la place Hoche où s'élève la statue du jeune général; l'église Saint-Louis et l'église Notre-Dame, décorées de chefs-d'œuvre artistiques.

*Vésinet* (le). — Gare Saint-Lazare. Asile de convalescents. (Champ de courses.)

*Ville d'Avray*. — Gare Saint Lazare. Voir le lac et les étangs.

*Vincennes*. — Chemin de fer place de la Bastille, ou tramway du Louvre. A voir : le donjon, le bois. (Asile de convalescents.)

*Viroflay*. — Gare Montparnasse.

# TABLE DES MATIÈRES

**Renseignements généraux.** — Moyens de transport, hôtels, restaurants, cafés, glaciers, coiffeurs, médecins, etc.    5
Ministères, ambassades et consulats. . . . . . . . . . . .    37
Postes, télégraphes, téléphones . . . . . . . . . . . . .    47
**Arrivée à Paris.** . . . . . . . . . . . . . . . . . .    55
**L'Exposition.** . . . . . . . . . . . . . . . . . . .    62
Divisions et aspect . . . . . . . . . . . . . . . . . .    63
Champ de Mars. — Palais des Machines. . . . . . . .    63
Palais des Expositions diverses. . . . . . . . . . . .    69
Palais des Beaux-Arts et des Arts Libéraux. — Galeries Rapp et Desaix . . . . . . . . . . . . . . . . . . . . . .    70
**Parcs et jardins du Champ de Mars** . . . .    74
Trocadéro. . . . . . . . . . . . . . . . . . . . . . .    78
Quai d'Orsay . . . . . . . . . . . . . . . . . . . . .    79
Esplanade des Invalides . . . . . . . . . . . . . . .    80
Exposition de la ville de Paris. . . . . . . . . . . .    82
Sections étrangères. . . . . . . . . . . . . . . . . .    82
Chemin de fer-tramways dans l'Exposition. . . . . . .    92
Où l'on boit et où l'on mange . . . . . . . . . . . .    94
Des Invalides au quai. . . . . . . . . . . . . . . . .    96
Le quai d'Orsay . . . . . . . . . . . . . . . . . . .    102
Le Trocadéro . . . . . . . . . . . . . . . . . . . .    102
Le Champ de Mars. . . . . . . . . . . . . . . . . . .    104
Histoire de l'habitation. . . . . . . . . . . . . . .    106
**La tour Eiffel.** . . . . . . . . . . . . . . . . .    109
**Les jardins de l'Exposition** . . . . . . . . . . .    113
Taillerie de diamants. . . . . . . . . . . . . . . . .    114

## TABLE DES MATIÈRES

Les Folies-Parisiennes . . . . . . . . . . . . . . . . . 114
Grand théâtre du Palais des Enfants . . . . . . . . . 115
Pavillon de la mer. . . . . . . . . . . . . . . . . . . 116
Une rue du Caire . . . . . . . . . . . . . . . . . . . 118
Avenue de la Motte-Piquet . . . . . . . . . . . . . . 121
Avenue de la Bourdonnais. . . . . . . . . . . . . . . 121
Divisions des groupes. . . . . . . . . . . . . . . . . 122
**Grands Palais**. . . . . . . . . . . . . . . . . . . 123
Pavillon de la ville de Paris. . . . . . . . . . . . . 123
Palais des Beaux-Arts . . . . . . . . . . . . . . . . 125
Galerie Rapp . . . . . . . . . . . . . . . . . . . . . 126
Palais des Arts Libéraux . . . . . . . . . . . . . . . 126
Galerie Desaix. . . . . . . . . . . . . . . . . . . . . 129
Exposition étrangère . . . . . . . . . . . . . . . . . 129
Vestibule central. . . . . . . . . . . . . . . . . . . 130
Section française. . . . . . . . . . . . . . . . . . . 130
Le palais des Machines. . . . . . . . . . . . . . . . 135
**Itinéraires dans Paris** . . . . . . . . . . . . . . 141
**Avenues et principales rues**, passages, places, squares,
 fontaines, puits, arcs de triomphe, statues, jardins. . . 165
**Monuments**, palais . . . . . . . . . . . . . . . . 190
Eglises. . . . . . . . . . . . . . . . . . . . . . . . 203
Musées . . . . . . . . . . . . . . . . . . . . . . . . 217
**Les plaisirs.** — Théâtres, Sport. . . . . . . . . . 230
**Les environs de Paris.** . . . . . . . . . . . . . . 242

# PLUS D'INSOMNIES

GRACE A L'EMPLOI

DES

# Cachets F. Lemaire

A BASE DE SULFONAL

(Diéthylsulfone — Diméthyl — Méthane)

---

DOSE DE 1 A 2 CACHETS

LE SOIR EN SE COUCHANT

---

Prix de l'étui.. . . . . . . . . . .  4 fr.  »

Prix du demi-étui.. . . . . . . .  2 fr. 25

---

DÉPOT :

# PHARMACIE F. LEMAIRE

Boulevard Voltaire, 4, Paris

IMPRIMERIE D. DUMOULIN ET Cie

Rue des Grands-Augustins, 5, à Paris.

www.ingramcontent.com/pod-product-compliance
Lightning Source LLC
Chambersburg PA
CBHW070620170426
43200CB00010B/1856